I0555234

کوچینگ

تکنولوژی تحول

اثری مشترک از متخصصانی از سراسر جهان

با پیش‌گفتاری از جنت هاروی

رئیس سابق فدراسیون جهانی کوچینگ

NORTHSTAR SUCCESS

کوچینگ: تکنولوژی تحول
اثری مشترک از متخصصانی از سراسر جهان

بدین وسیله، شرکت North Star Success Inc مطابق با بخش ۷۷ «قانون حق نشر، طرح و اختراعات ثبت‌شده سال ۱۹۸۸» به‌عنوان مالک این اثر معرفی می‌گردد.

شابک: ۹۷۸-۱-۹۹۷۸۲۶-۰۱-۹

این اثر یک کتاب غیرداستانی است، اما ممکن است در بعضی از فصل‌ها از داستان‌هایی استفاده شده باشد. هرگونه شباهت اسامی، مشخصات فردی و جزئیات مربوط به افراد، اعم از زنده یا درگذشته در داستان‌های این کتاب کاملاً تصادفی و غیرعمدی است. مسئولیت محتوا و نظرات

بیان‌شده بر عهدهٔ نویسندگان است. از ابزارهای هوش مصنوعی برای ترجمه و ویرایش محتوای تهیه‌شده توسط نویسندگان استفاده شده است. تمام محتوای ترجمه‌شده یا ویرایش‌شده به کمک هوش مصنوعی با کلیهٔ دستورالعمل‌های محتوایی مطابقت دارد.

خواننده مسئولیت کامل اقدامات و نتایج حاصل از آن‌ها را بر عهده دارد. در صورت نیاز به مشاورهٔ تخصصی یا حقوقی، خوانندگان باید از خدمات یک متخصص ذی‌صلاح بهره‌مند شوند. لطفاً برای سفارش‌های عمده جهت اهداف تبلیغاتی، جمع‌آوری کمک‌های مالی، مصارف آموزشی، و همچنین برای اطلاع از تخفیف‌های ویژه با شرکت North Star Success Inc تماس بگیرید. امکان تهیهٔ گزیده‌هایی از کتاب بر حسب نیاز وجود دارد.

اعلان علائم تجاری: تمام نام‌های تجاری و نام‌های محصولاتی که در این کتاب استفاده شده‌اند، علائم تجاری، علائم تجاری ثبت‌شده یا نام‌های تجاری متعلق به صاحبان مربوطهٔ خود هستند. شرکت North Star Success Inc با هیچ‌یک از محصولات یا فروشندگان ذکرشده در این کتاب ارتباطی ندارد.

منتشرشده توسط شرکت North Star Success Inc.

🌐 www.northstarsuccess.com
✉️ support@northstarsuccess.com
📞 +۱ ۶۴۷ ۴۷۹ ۰۷۹۰

فهرست

پیشگفتار

جهـان مـا به‌طور مـداوم در حال تحول اسـت و در هـر پیچ‌وخم، بـا چالش‌های تـازه‌ای روبـه‌رو می‌شـویم. توانایی حرکـتی باوقار و هدفمند در مسیـر تغییر، به ضـرورتی بـدل شـده که فراتر از مهارت صرف اسـت. ما در مقـام رهبرانی که در مسیر رشـد و تحـول مداوم گام برمی‌دارنـد، در نقطه‌ای ایسـتاده‌ایم که نیازمند رویکردهـایی نوآورانـه هسـتیم تـا بتوانیـم تغییـر را به شـکلی مؤثـر و پایدار به جریـان بیندازیـم. در این جسـت‌وجو برای پیشـرفت، فنـاوری نیرومندی وجود دارد کـه کلیـد شـکوفایی پتانسیل‌های درونی ما و خلق تغییرات معنادار اسـت: کوچینـگ؛ به‌ویـژه زمـانی که بـا ذهنیتی اصیـل و مولد به کار گرفته شـود.

جهانی را تصور کنید که در آن، هر فرد ـ چه مدیر ارشد و چه کارآفرینی نوپا ـ همراهی قابل اعتماد در کنار خود دارد؛ کسی که او را یاری می‌دهد تا فراتر از مرزهای افکار و باورهای فعلی‌اش بنگرد، کسی که مسیر دستیابی به بالاترین ظرفیت‌های او را روشن می‌سازد. این جوهرهٔ کوچینگ است؛ سفری تحول‌آفرین که از گفت‌وگوهای ساده فراتر می‌رود و به عمق کشف خویشتن، رشد درونی، و دسترسی به منابع درونی‌ای می‌رسد که تعالی در مسیر تغییر مستمر را ممکن می‌سازند.

مـن در مسیر زندگی شـخصی و حرفه‌ای‌ام، شـاهد تأثیرات شـگرف کوچینگ بـوده‌ام. کوچینگ صرفاً مجموعه‌ای از جلسـات یا فهرسـتی از وظایف نیسـت، بلکـه فراینـدی پویـا و زنده اسـت کـه رشـدی عمیـق و درونی را برمی‌انگیزد. هنـر کوچینـگ در پرسیـدن پرسـش‌های برانگیزاننـده‌ای اسـت کـه نـه فقط تحلیـل منطـقی، بلکـه بینـش را می‌طلبنـد؛ در گـوش سـپردن عمیـق برای کشـف حقیقت‌هـای پنهـان و انگیزه‌هـای رفتـاری، و در دعـوت هـر فـرد بـه

یافتـن راه‌حل‌هایی منحصربه‌فرد که از آگاهی و انتخابی درونی زاده می‌شوند. کوچینـگ، شـراکتی اسـت بـر پایـهٔ اعتمـاد، احتـرام و تعهدی مشـترک برای رشـد معنـادار و ادغـام آن در ذهنیـت، نگـرش و سـبک زندگی و رهبری فرد.

یـکی از شـگفت‌انگیزتریـن جنبه‌هـای کوچینـگ، پرورش خـودآگاهی اسـت؛ سـتونی بنیادیـن کـه هـر نـوع رشـد فـردی و حرفـه‌ای بـر آن اسـتوار اسـت. از طریـق تأمـل عمیـق و درون‌نگـری، بـا راهنمایـی یـک کـوچ ماهـر، افـراد به شـناخت‌های ارزشـمندی از باورهـا، ارزش‌هـا و رفتارهـای خود دسـت می‌یابند. ایـن خـودآگاهیِ ارتقایافتـه، ماننـد قطب‌نمایـی عمـل می‌کنـد که فـرد را به‌سـوی اقدامـات و تصمیماتـی هم‌راسـتا بـا اهـداف و آرمان‌هایـش هدایـت می‌کنـد.

افـزون بـر آن، کوچینـگ ابـزاری نیرومنـد بـرای ارتقـای ارتباطـات و روابط بین‌فـردی اسـت. کوچ‌هـا از طریـق بازخـورد هدفمنـد، شـنیدن فعـال و پرسـش‌های همدلانـه، بـه افـراد کمـک می‌کننـد تـا موانـع ارتبـاط مؤثـر را بشـکنند و پیوندهـای عمیق‌تـری بـا دیگـران برقـرار سـازند. چـه در مدیریت تعارض‌هـای اتـاق هیئت‌مدیـره و چـه در ایجـاد همکاری‌هـای تیمـی، مهارت‌هـای ارتبـاطی پرورش‌یافتـه در کوچینـگ، سـرمایه‌هایی گران‌بها در دنیـای پرشـتاب و درهم‌تنیـدهٔ امروزنـد؛ دنیایـی که بیش از هـر زمان دیگری تشـنهٔ پیونـد و تعلـق اسـت.

شـاید بزرگ‌تریـن هدیـهٔ کوچینـگ، توانایـی آن در نهادینه‌سـازی «ذهنیت رشـد» باشـد؛ بـاوری بنیادیـن به ظرفیت‌هـای درونـی بـرای یادگیری و توسـعهٔ مسـتمر. کوچینـگ بـا بـه چالـش کشـیدن باورهـای محدودکننـده، بازتعریف ناکامی‌هـا به‌عنـوان فرصت‌هـای یادگیـری، و تشـویق بـه تجربه‌گـری و نـوآوری، ذهنیـتی از انعطاف‌پذیری و تاب‌آوری را پـرورش می‌دهد. در جهانی کـه تغییـر همیشـگی و عـدم قطعیت امـری عـادی اسـت، چنیـن ذهنیـتی پادزهـری مؤثـر در برابـر تـرس و ایسـتایی اسـت و افـراد را بـرای مواجهـه بـا

تغییر، با شهامت و خوش‌بینی، آماده می‌سازد.

به‌عنوان نیرومندترین فناوریِ تغییر، هر جلسهٔ کوچینگ فراتر از یک گفت‌وگو است و به فضایی مقدس برای رشد، توانمندسازی و یک‌پارچگی بدل می‌شود. تجربهٔ مداوم کوچینگ، هر فرد را برای رهبری خود و دیگران، به شکلی متحول‌شده، آماده می‌سازد و او را به کاتالیزوری برای مواجههٔ سازنده با تغییر در سازمان‌ها و جوامع تبدیل می‌کند.

امیدوارم در صفحات پیش رو، قدرت دگرگون‌کنندهٔ کوچینگ را کشف کنید و آن را در مسیر تغییر زندگی خود و اطرافیانتان به کار بگیرید. بیایید در این سفر رشد، یادگیری و یک‌پارچگی، با هم گام برداریم؛ با این آگاهی که با کوچینگ، افقِ توانمندی و تغییر بی‌پایان است.

جنت ام. هاروی

با احترام،
جنت ام. هاروی[1]
مدیرعامل اینوایت‌چنج[2]
کوچ حرفه‌ای سطح مستر[3] از فدراسیون بین‌المللی کوچینگ[4]
منتور کوچ
عضو معتبر آکادمی نظارت بر کوچینگ[5]

1 Janet M. Harvey
2 inviteCHANGE
3 Master Certified Coach (MCC)
4 International Coaching Federation (ICF)
5 Coaching Supervision Academy (CSA)

مقدمه

کوچینگ: تکنولوژی تحول

تصور کنیـد کنار فرزندتـان، دوستتان، یا یکی از کارکنانتان نشسته‌اید و او می‌گوید: «مـن همیشـه کارهـا رو بـه تعویـق مینـدازم. بایـد چی‌کار کنـم؟» در ایـن موقعیـت، احتمـالاً یـک مـدرس[1] بـه او تکنیک‌هـای مدیریـت زمـان یـاد می‌دهـد، یـک مشـاور[2] چنـد راهـکار عملـی بـرای اولویت‌بنـدی پیشـنهاد می‌کنـد و یـک درمانگـر[3] ریشـه‌های روان‌شـناختی مشـکل را بـررسی می‌کنـد. امـا اگـر شـما کـوچ باشـید، رَوشـتان متفـاوت اسـت؛ بـا کنجـکاوی، حضـور کامـل، و پرسـش‌هایی کـه تفکـر عمیـق را برمی‌انگیزنـد.

مثلاً می‌پرسید:

- اهمال‌کاری برای تو یعنی چی؟
- به نظرت چرا این اتفاق می‌افته؟
- کِی بوده که کارتو به تعویق ننداختی؟
- اون موقع‌ها چه چیزی فرق داشت؟
- اگـه در اون لحظـات بـه بهتریـن نسـخۀ خـودت تبدیـل بشـی، چـه کار متفاوتـی انجـام مـی‌دی؟
- چـه ارزشـی می‌تونـه درونـت فعـال بشـه تـا در ایـن موقعیت‌هـا بهـت کمـک کنـه وارد عمـل بشـی؟

ایـن نـوع پرسـش‌ها، فراتـر از یـک گفت‌وگـوی سـاده، فراینـدی درونـی

1 Trainer
2 Consultant
3 Therapist

را آغـاز می‌کننـد: خـودآگاهی، مسئولیت‌پذیـری و تحـول. در ایـن معنـا، کوچینگ شـبیه بـه یـک فنـاوری اسـت؛ ابـزاری نظام‌منـد بـرای تغییـر از طریـق تفکـر، شفاف‌سـازی، و اقـدام آگاهانـه.

کوچینگ به‌مثابۀ فناوری

فراتـر از گفت‌وگـو، معمـولاً وقتـی کلمـۀ «فنـاوری» را می‌شـنویم، بـه یـاد اپلیکیشـن‌ها یـا کارافزارهـای دیجیتـال می‌افتیـم. امـا فنـاوری در اصـل یعنـی اسـتفادۀ کاربـردی از دانـش. کوچینگ یـک فنـاوری انسـانی اسـت: رویکـردی سـاختاریافته و مبتنی‌بـر شـواهد و علـم بـرای رشـد فـردی و حرفـه‌ای. ایـن یـک هنـر و علـم اسـت کـه بـر پایـۀ شایسـتگی‌ها، چارچوب‌هـا و روش‌شناسی‌هایی بنـا شـده اسـت تـا تغییـر را تسـهیل کنـد.

برخـلاف مکالمـات معمـولی، کوچینـگ سـاختار دارد. از تعریـف موضـوع و هـدف گفت‌وگـو شـروع می‌شـود، بـا گـوش دادن عمیـق و پرسشـگری قدرتمنـد ادامـه می‌یابـد، سـپس بـه شفاف‌سـازی ارزش‌هـا و طراحـی اقـدام می‌رسـد، و درنهایـت بـا تعهـد و بازنگـری بـه پایـان می‌رسـد. در تمـام ایـن مسـیر، فضایـی امـن و مبتنی‌بـر اعتمـاد شـکل می‌گیـرد. درسـت مثـل هـر فنـاوری خـوب طراحی‌شـده، ایـن فراینـد قابـل تکـرار و یادگیـری اسـت.

چرا کوچینگ؟

در دنیـای پرشـتاب امـروز، افـراد و سـازمان‌ها بـرای بقـا و شـکوفایی، بایـد خـود را بـه‌روز کننـد و رشـد یابنـد. کوچینـگ بسـتری پایـدار و قابـل اعتمـاد بـرای حرکـت در مسـیر تغییـر فراهـم می‌کنـد. بـرای هـر فـرد یـا سـازمانی کـه بـه دنبـال رشـد یـا تحـول اسـت، کوچینـگ می‌توانـد راهـی مطمئـن و مؤثـر باشـد.

کوچینـگ پاسـخهای آمـاده نمیدهـد، بلکـه امـکان کشـف راهحلهـای شـخصی و معنـادار را فراهـم میکنـد. کـوچ نـه نجاتدهنـده اسـت و نـه کارشـناسِ زنـدگی دیگـران. او تسـهیلگر فراینـد رشـد اسـت. همیـن احتـرام بـه فردیـت و قـدرت درونی مراجـع اسـت کـه کوچینـگ را قدرتمنـد و انسـانی میسـازد.

شکل گفتوگو در کوچینگ چگونه است؟

- بـرای درک تفـاوت کوچینـگ بـا مشـاوره یا منتورینـگ[1]، بـه یـک رهبـر سـازمانی فکـر کنیـد کـه بـا اختـلاف در تیمـش روبهروسـت. احتمـالاً مشـاور در چنیـن موقعیتـی، مدلهـای حـل تعـارض را معرفـی میکنـد و منتـور تجربـهٔ شـخصی خـود را بـه اشـتراک میگـذارد. امـا کـوچ چنیـن میپرسـد:

- چه نتیجهای از تیمت انتظار داری؟
- تا حالا برای حل مشکل چه کار کردهای؟
- چه پیشفرضهایی دربارهٔ اعضای تیم داری؟
- نقش تو در ایجاد یا ادامهٔ این تعارض چیه؟
- موفقیت برات چه شکلی داره؟

ایـن پرسـشها ذهـن فـرد را بـه سـمت بازاندیشـی، بازتعریـف، و تصـور آینـدهای متفـاوت میبرنـد. کوچینـگ پلـی اسـت بیـن وضعیـت فعلـی و وضعیـت مطلـوب؛ نـه بـا ارائـهٔ پاسـخ، بلکـه بـا کمـک بـه کشـف پاسـخ در درون مراجـع.

تکامل کوچینگ

هرچنـد ریشـهٔ کوچینـگ بـه گفتوگوهـای سـقراطی بازمیگـردد، شـکل

---

1 Mentoring

امروزی آن طی پنجاه سال اخیر شکل گرفته است. در دهۀ ۱۹۷۰، تیموتی گالوی[1] **در کتاب بازی درونی تنیس**[2] توجه‌ها را به این موضوع جلب کرد که بازی ذهنی در موفقیت ورزشی نقشی هم‌ارز با مهارت‌های فیزیکی دارد. این رویکرد باعث شکل‌گیری نگرشی جدید به عملکرد شد.

در دهۀ ۹۰ میلادی، کوچینگ وارد فضای کسب‌وکار و رهبری شد. افرادی مانند سر جان ویتمور[3] و توماس لئونارد[4]، چارچوب‌ها و اصول کوچینگ حرفه‌ای را تدوین کردند. در سال ۱۹۹۵، فدراسیون بین‌المللی کوچینگ بنیان‌گذاری شد تا استانداردها، شایستگی‌ها و اخلاق حرفه‌ای را تعریف کند.

امروزه کوچینگ به حوزه‌های گوناگونی گسترش یافته است: از کوچینگ اجرایی[5] تا کوچینگ زندگی[6]، از کوچینگ سلامت[7] تا کوچینگ روابط[8]. اما جوهرۀ همۀ این‌ها یکی است: مشارکتی انسانی برای خودشناسی، شفافیت و حرکت رو به جلو.

ویژگی منحصربه‌فرد کوچینگ

کوچینگ گاهی با روان‌درمانی، منتورینگ یا مشاوره مقایسه می‌شود. هرکدام از این حرفه‌ها تمرکز خاصی دارند:

- روان‌درمانی بر بهبود زخم‌های گذشته تمرکز دارد.
- منتورینگ، انتقال تجربه و توصیه است.

1 Timothy Gallwey
2 *The Inner Game of Tennis*
3 Sir John Whitmore
4 Thomas Leonard
5 Executive Coaching
6 Life Coaching
7 Health coaching
8 Relationship Coaching

- مشاورهٔ مدیریتی، ارائهٔ راه‌حل تخصصی است.
- اما کوچینگ، تسهیل‌گری یادگیری و رشد آینده‌محور است.

آنچه کوچینگ را متمایز می‌کند، تأکید بر پرسش است، نه توصیه. در کوچینگ، مراجع، متخصص زندگی خودش است و کوچ، متخصص فرایند. همین نگاه مشارکتی، مسئولیت‌پذیری و تحول را در پی دارد.

شایستگی‌های کوچینگ: موتوری برای این فناوری

اگر کوچینگ را یک فناوری بدانیم، موتور آن شایستگی‌های حرفه‌ای است که توسط فدراسیون بین‌المللی کوچینگ تعریف شده است. محور تمرکز این شایستگی‌ها عبارت‌اند از:

- ساختن رابطه‌ای مشارکتی: ایجاد اعتماد و همین‌طور توافق روی موضوع جلسات
- ارتباط مؤثر: گوش دادن فعال و پرسشگری
- تسهیل یادگیری و نتایج: طراحی اقدامات و پیگیری پیشرفت

هر شایستگی مانند یک چرخ‌دنده در این فناوری عمل می‌کند. وقتی این مهارت‌ها در کنار هم به کار گرفته می‌شوند، فرایندی پایدار و قابل اتکا ایجاد می‌شود. کوچینگ گفت‌وگویی تصادفی نیست، بلکه فرایندی حرفه‌ای، هدفمند و مبتنی‌بر شواهد است.

نتایج کوچینگ از نگاه پژوهش‌ها

پژوهش‌ها از جمله مطالعات فدراسیون بین‌المللی کوچینگ، اثرات مثبت کوچینگ را اثبات کرده‌اند:

- ۸۰٪ افزایش اعتمادبه‌نفس

- ۷۰٪ بهبود عملکرد شغلی
- ۷۳٪ بهبود روابط
- ۷۲٪ رشد مهارت‌های ارتباطی
- کاهش استرس و افزایش رفاه روانی

همچنین بسیاری از سازمان‌ها بازگشت سرمایه تا ۵۰۰ الی ۷۰۰ درصد را گزارش کرده‌اند. اما فراتر از آمار، اثر واقعی کوچینگ در کیفیت تجربهٔ مراجع است: شنیده شدن، دیده شدن و توانمند شدن. با کوچینگ، مراجعان با دیدی تازه به خود و زندگی‌شان نگاه می‌کنند و با شجاعت گام برمی‌دارند.

اخلاق و حرفه‌ای‌گری در کوچینگ

ازآنجاکه کوچینگ هنوز در بسیاری از کشورها قانون مشخص کشوری ندارد، وجود استانداردهای حرفه‌ای برای آن اهمیت زیادی دارد. برای همین، اعتبارسنجی از نهادهایی مانند فدراسیون بین‌المللی کوچینگ یا شورای اروپایی کوچینگ و منتورینگ[1] حیاتی است. کوچ‌های حرفه‌ای متعهد به یادگیری مداوم، دریافت بازخورد و رعایت اصول اخلاقی هستند.

همان‌طور که به یک پزشک بدون مجوز اعتماد نمی‌کنید، یک کوچ حرفه‌ای هم نیاز به آموزش و گواهی‌نامه دارد:

- یادگیری شایستگی‌ها
- کار با مراجعان واقعی
- دریافت بازخورد از منتور

---

1   European Mentoring and Coaching Council (EMCC)

- شرکت در آزمون‌های صلاحیت حرفه‌ای

این ساختار باعث می‌شود کوچینگ، فراتر از مکالمه‌ای ساده، به یک فرایند معتبر و مؤثر تبدیل شود.

چه کسانی به کوچینگ نیاز دارند؟

سؤال بهتر این است: چه کسی به آن نیاز ندارد؟ کوچینگ برای افراد مختلف مفید است:

- رهبرانی که به دنبال اثرگذاری بیشترند
- تیم‌هایی که نیاز به هم‌افزایی دارند
- افرادی که می‌خواهند به اهداف شخصی برسند یا تصمیم‌گیری‌های مهم کنند
- والدینی در حال تطبیق با تغییرات
- کارآفرینانی در دل عدم قطعیت

کوچینگ برای اصلاح نیست؛ برای شکوفایی ظرفیت‌هاست.

آیندهٔ کوچینگ

در دنیای درهم‌تنیده و پیچیدهٔ امروز، کوچینگ بیش از پیش اهمیت دارد. کوچینگ اکنون در حال ادغام با حوزه‌های دیگری هم هست؛ حوزه‌هایی مانند:

- توسعهٔ سازمانی
- سلامت روان و جسم
- آموزش و توانمندسازی نوجوانان
- پلتفرم‌های فناوری و هوش مصنوعی

کوچینگ در حال تبدیل شدن به یک سبک رهبری، مهارت ارتباطی، و

حتی شیوهٔ بـودن اسـت. نـه فقط بـرای کوچهـا؛ بـرای هرکسی کـه بخواهد بـا همـدلی رهبـری کنـد، بهتـر بپرسـد و فضایی برای رشد ایجـاد کند.

مسیر تبدیل شدن به کوچ

اگر بـه کـوچ شـدن علاقـه داریـد، بـا آمـوزش حرفهای آغـاز کنیـد. برنامهای را انتخـاب کنیـد کـه توسـط فدراسیـون بینالمللـی کوچینگ یـا نهـادی معتبـر تأییـد شـده باشد. برنامـهای کـه شـامل مـوارد زیر باشد:

- آموزش عمیق شایستگیها
- تأکید بر اصول اخلاقی
- تمرینهای زنده
- کوچینگ با منتور
- بازخورد و ارزیابی
- جامعهٔ حمایتی از همدورهایها

امـا کـوچ شـدن فقط کسب مـدرک نیسـت، بلکـه سـفری درونی اسـت کـه نیازمنـد مهارتهـای زیـر اسـت:

- خودشناسی عمیق
- جسارت برای نگه داشتن فضا
- تعهد به اخلاق حرفهای
- ذهنیت یادگیرنده

کوچهـای بـزرگ بـه دنیا نمیآینـد؛ پـرورش مییابنـد و همیـن مسیـر رشـد، خـودش یـک تحـول اسـت.

نتیجهگیری: کوچینگ، فناوری روح انسان

مـا در عصـر تحـول زنـدگی میکنیـم؛ دورهای پـر از چالـش، امـا لبریـز از

امـکان. در چنیـن دنیـایی، کوچینـگ دیگـر یـک انتخـاب لوکـس نیسـت؛ یـک نیـاز اساسی اسـت.

کوچینـگ فنـاوری تغییـر اسـت. نـه فنـاوریای از جنـس سیـم و مـدار، بلکـه از جنـس حضـور و معنـا، کنجـکاوی و شـجاعت. کوچینـگ پلـی اسـت از جـایی کـه هسـتیم تـا جـایی کـه میخواهیـم باشیـم.

و همهچیـز از یـک پرسـش شـروع میشـود: «میخـواهی در لحظههـای چالشبرانگیـز، چگونـه ظاهـر شـوی؟»

دکتر شهاب اناری
مسترکوچ تأییدشده[1] از فدراسیون بینالمللی کوچینگ[2] و بنیانگذار دورۀ کوچینگ آکادمی ستارۀ شمال

---

1 Master Certified Coach (MCC)
2 International Coaching Federation (ICF)

همسفران تفاوت، همراهان موفقیت

مرجان آشتیانی و
محمدعلی شبیری

همسفران تفاوت، همراهان موفقیت
مرجان آشتیانی
تحلیلگـر و معامله‌گـر حرفـه‌ای بازارهـای مالی، کوچ روان‌شناسی
معامله‌گـری و بنیان‌گـذار لوناریـا اف اکس

محمدعلی شبیری
استراتژیست، کوچ حرفه‌ای و طراح رشد سازمانی در صنعت پتروشیمی

ما دو رودیم از دو کوه و در پیِ دریا شدن
خوابمان تعبیر خواهد شد به وقت «ما» شدن
تو پر از رؤیای پروازی و من فکر وطن
تو مهیای سفر، من در تمنای سخن
گاه در تنداب تردید از هم افتادیم دور
باز اما در درونِ جانمان تابید نور
نه شبیه هم به‌ظاهر، بلکه در جان آشنا
مثل آواز و صدا، یا مثل مهتاب و هوا

انسـان بـرای بقـا، قرن‌هـا بـه قانونی نانوشـته تکیـه کرده اسـت: بخـور تا خورده
نشـوی! امـا در روابـط انسـانی، به‌ویژه در قرن بیسـت‌ویکم، این منطـق نه‌تنها
ناکارآمـد، بلکـه ویرانگـر اسـت. امـروز، سـؤال اصلی این نیسـت کـه کدام‌یک
بایـد بمانـد، بلکـه ایـن اسـت کـه چگونـه می‌تـوان بـا وجـود تفاوت‌هـا، کنار
هـم مانـد و رشـد کـرد. بـرای مـن، همیشـه ایـن پرسـش مطـرح بـود: چرا
بعضـی زوج‌هـا در دل تفاوت‌هـای شـدید، نه‌تنهـا دوام می‌آورنـد، بلکـه بـا
هـم شـکوفا می‌شـوند؟ پاسـخ را سـال‌ها بعـد، در روایـت خودمـان – مـن و
مرجان– یافتـم. داسـتان مـا، فقط دربارۀ یـک رابطه نیسـت؛ بلکه سـندی

است بر این حقیقت که می‌توان در دل تضادها، پیوندی ساخت که نه بر پایهٔ شباهت، بلکه بر اساس پذیرش، گفت‌وگو و همکاری رشد کند. ما دو مسیر متفاوت داشتیم: مرجان، عاشق اکوسیستم پویای استارتاپ‌های جهانی و من، ریشه‌دار در صنعت ایران. او به فکر آینده‌هایی تازه در سرزمین‌های دور بود و من درگیر ساختن فردا در خاک آشنای وطن. اما در میان تمام این تفاوت‌ها، چیزی ما را کنار هم نگه داشت: باور مشترک به پیشرفت فردی در دل رابطه‌ای بالغ.

آنچه ساختیم، رابطه‌ای نبود که یکی قربانی شود تا دیگری بدرخشد. ما انتخاب کردیم که راهی برای درخشش مشترک بسازیم. این فصل را می‌نویسیم تا نشان دهیم «رشد شخصی و موفقیت حرفه‌ای» الزاماً به بهای «رابطهٔ عاشقانه» تمام نمی‌شود؛ به شرط آنکه یاد بگیریم با تفاوت‌ها نجنگیم، بلکه از دل آن‌ها، قدرت بسازیم. این فصل فراتر از یک داستان عاشقانه است؛ این یک مطالعهٔ موردی زنده از به‌کارگیری اصول بنیادین کوچینگ[1] در زندگی خودمان است. ما آموختیم که از یکدیگر پرسش‌های قدرتمند بپرسیم، برای پذیرش حقایق دشوار، فضایی امن ایجاد کنیم و ارزش‌هایمان را بازتعریف نماییم. ما دریافتیم که مؤثرترین «فناوری تغییر» نه در تخصص‌های صنعتی‌مان، بلکه در کیفیت گفت‌وگوهایمان نهفته است. مخاطب این فصل، هر کسی است که در دوگانگیِ همیشگیِ موفقیت یا عشق، حیران مانده است. کسی که شاید تصور می‌کند برای پیشرفت باید رابطه را فدا کند، یا برعکس، برای حفظ رابطه، باید از آرزوهایش بگذرد. ما می‌خواهیم بگوییم نه! می‌توان هر دو را داشت، اگر گفت‌وگو بلد باشیم، اگر راه همدیگر را بفهمیم، اگر

---

1 Coaching

بلـد باشیـم گاهی صبـر کنیـم و گاهی همـراه شویـم، حتـی اگـر مسیرهـا مختلـف باشـند.

مـا هـم مثـل خیلیها، بارهـا در دوراهیهایـی ایسـتادیم کـه گویا یـک راه بـه «خـود» ختـم میشـد و راه دیگـر بـه «مـا». امـا هـر بـار سـعی کردیـم راهـی سـوم بسـازیم: راهـی کـه «مـا» را نگـه دارد بیآنکـه «خـود» را حـذف کنـد. ایـن روایـت، بـرای کسـانی اسـت کـه هنـوز بـه گفتوگـو ایمـان دارنـد. بـرای آنهایـی کـه حاضرنـد بهجـای قربانـی کـردن، شـریک سـاختن باشـند. بـرای آنهایـی کـه میخواهنـد میـان صمیمیت و اسـتقلال، تعادلـی واقعـی و انسـانی بسـازند. مرجان و مـن، از دل تصمیمهـای سـخت، بحرانهـای شـغلی، و شـبهای پـر از تردیـد، آموختیـم کـه هیـچ رابطـهای بـه خـودی خـود رشـد نمیکنـد، بایـد هـر روز دوبـاره انتخابـش کـرد. بایـد بلـد بـود طـوری رابطـه را کنتـرل کـرد کـه در بحـران، صـادق بمانـد، در موفقیـت، همـراه بمانـد، و در تفـاوت، رشـد کنـد. قـرار نبـود راوی داسـتان مـن یـا مرجان باشـیم. تصمیـم گرفتیـم از دیـدگاه هـر دو نفرمـان بـه خودمـان بنگریـم: ماننـد دانـای کل داسـتان؛ روایـت شـخص سـوم! انگار خودمـان بیطرفانـه در کنـاری نشسـتهایـم و داسـتان را روایـت میکنیـم؛ همینقـدر بـدون قضـاوت!

میان دو رؤیا، در دل یک انتخاب

صبـح یکـی از روزهای بهـاری، خانـه سرشـار از سـکوتی پُرشـور بـود. نـه از جنـس بیکلامی، بلکـه آرامشـی پیـش از طوفـان. مرجان بـا فنجانـی قهـوه کـه هنـوز لـب نـزده بـود، در اتـاق نشیمـن قـدم میزد. ذهنـش پـر بـود از حرفهـای ناگفتـه و احساسـی بینـام. در آن سـو، محمدعلی گوشیاش را برگردانـد و نـگاهی کوتـاه امـا سـنگین بـه خبـری انداخت کـه میتوانسـت

تمـام آینـده‌اش را تغییـر دهـد: پیشـنهاد مدیریـت یکـی از بزرگ‌تریـن پتروشیمی‌هـای کشـور. چنـد سـاعت قبل‌تـر، مرجـان ایمیلـی دریافـت کـرده بـود: دعوت‌نامـه‌ای رسمـی از یـک کشـور اروپایـی بـرای حضـور در تیـم تأسیـس یـک استارتاپ نوآورانـه. رؤیایـی کـه سـال‌ها در ذهـن پرورانـده بـود، حـالا در آسـتانهٔ تحقـق بـود. امـا شـادی مـورد انتظـار نیامـد. جایـش را تردیـد، نوعـی اضطـراب بی‌نـام و شـاید حتـی غمـی گنـگ گرفت. هـر دو در آسـتانهٔ تحقـق بزرگ‌تریـن رؤیـای شغلی‌شـان بودنـد، امـا رؤیاهـا هم‌جهـت نبودنـد.

مرجـان در دلـش آشـوبی داشـت کـه نمی‌توانسـت بیـان کنـد. سـال‌ها خـود را بـرای چنیـن لحظـه‌ای آمـاده کـرده بـود، امـا حـالا کـه فرارسـیده بـود، چـرا احسـاس سبکـی نمی‌کـرد؟ نگاهـش را مـدام بـه محمدعلـی می‌انداخـت. اگـر می‌رفت، چـه بـر سـر «مـا» می‌آمـد؟ اگـر می‌مانـد، چـه بـر سـر خـودش؟ محمدعلـی هـم آرام نداشـت. در ظاهـر، آرام و متیـن، امـا درونـش ماننـد کـوه آتشفشانـی خامـوش بـود. جایگاه شغلی‌ای کـه همیشـه آرزویـش را داشـت، اکنـون بـه شـکل پیشـنهادی رسمـی پیـش رویـش بـود. امـا مرجـان؟ اگـر او می‌رفت، اگـر فاصله‌هـا بیشـتر می‌شـد، آیـا عشقشـان دوام می‌آورد؟ آیـا بایـد یکـی از آن‌هـا عقـب می‌کشـید تـا دیگـری بدرخشـد؟ یـا راهـی بـود بـرای بـا هـم مانـدن، بـدون قربانـی شـدن؟ شـب‌ها طولانی‌تـر و سکوت‌هایشـان سنگین‌تـر شـده بـود. واژه‌هـا در گلـو می‌ماندنـد و فقـط نگاه‌هـا حـرف می‌زدنـد. مرجـان بـه دفترچـه یادداشت همیشـگی‌اش پنـاه بـرد. سـال‌ها آن دفترچـه پناهـگاه واژه‌هـای سـنگین بـرای دیگـران بـود. حـالا هـم، از تـرس، از اشتیـاق، از دلتنگـیِ پیـش از رفتـن نوشـت. محمدعلـی رانندگی‌هـای بی‌هـدف در شـب را انتخـاب کـرد.

با موسیقی‌ای آرام، با آسمانی بی‌ستاره. برای او این حالت، تمرینی برای تصمیم‌های بزرگ بود.

و سرانجام، تصمیم گرفته شد. مرجان رفت. محمدعلی ماند. نه با دل‌شکستگی، نه با خشم، بلکه با پذیرشی عمیق: عشق، گاهی یعنی رها کردن با ایمان. گاهی یعنی اجازه دادن به پرواز، حتی اگر خودت بر زمین بمانی. اما فاصله، آسان نبود. غربت برای مرجان، نه فقط جغرافیایی، بلکه روانی و احساسی بود. چالش‌های کاری، تفاوت فرهنگی، رقابت، فشار مالی و تنهایی، او را احاطه کرده بود. محمدعلی هم در دل پروژه‌های بزرگ صنعتی، حس می‌کرد بخشی از خودش را جا گذاشته است. دلتنگی‌هایش را نه به همکاران می‌گفت و نه حتی به خودش. فقط در شب‌های ساکت، با چای سردشده و صفحهٔ خالی روبه‌رویش خلوت می‌کرد. اما آن‌ها عهدی بسته بودند: عهدِ شفافیت و گفت‌وگوی بی‌نقاب. کم‌کم، عاداتی شکل گرفت: تماس‌های منظم، ایمیل‌هایی از دل، یادداشت‌هایی برای هم. آموختند که اگرچه جسمشان دور است، اما دل‌ها می‌توانند هم‌نفس بمانند؛ اگر هر دو بخواهند، اگر صداقت، زبانِ مشترکشان باشد.

با همهٔ سختی‌ها، جلو رفتند تا روزی که دوباره در دوراهيِ تازه‌ای ایستادند. استارتاپ مرجان به بن‌بست رسیده بود. سرمایه تمام شده و انرژی تحلیل رفته بود. محمدعلی هم، در دل پروژه‌های صنعتی، دیگر آن اشتیاق سابق را نمی‌یافت. لبخندهای حرفه‌ای‌اش، خستگی پنهان نگاهش را نمی‌پوشاند. هر دو در ظاهر همچنان ایستاده بودند، اما درونشان، چیزی فرو ریخته بود. چند هفته‌ای، سکوت میانشان جاری بود. نه قهر، نه دلخوری، بلکه سکوتی از نوع سکوت‌های

سنگین؛ آنها که جملهای نمیطلبند، فقط حضور را میخواهند. گاه یکیشان میپرسید: «واقعاً ارزشش رو داشت؟» و دیگری پاسخی نمیداد، چون جواب سادهای نبود. مرجان به دفترچهٔ همیشگیاش بازگشت. اما دیگر از آرزوها و هیجان شروع نمینوشت. کلماتش بوی خستگی میدادند؛ از توقعهای نابجا، از انتظاراتی که او را بهجای موفقتر شدن، خالیتر کرده بودند. اما در میان همین جملات تلخ، کمکم دانههایی از امید سر زد: نگاهی تازه به خود، به توانمندیهایش و به معنایی که میتوانست حتی در قالبی کوچک، به زندگی دیگران بدهد.

برخلاف دفعات قبل، این بار هیچ بحران بزرگی نبود؛ نه ایمیل دعوت، نه پیشنهاد هیجانانگیز، نه پیام تبریک برای ارتقا. فقط یک شب آرام بود، با بارانی نرم که به شیشهٔ پنجره میزد و بوی خاک خیس، فضا را پر میکرد. در این سکوت نمناک، محمدعلی سرش را بلند کرد و آرام گفت: «مرجان... دیگه نمیتونم خودم رو در این مسیر ببینم. انگار همهچی رنگ باخته. شاید وقتش باشه دنیای تازهای بسازیم. با هم، نه جدا.» مرجان لحظهای سکوت کرد. نگاهش، آرام و عمیق، در نگاه محمدعلی نشست. نگاهی که سالها با آن آشنا بود، اما حالا چیزی در آن تغییر کرده بود؛ مثل بازتابی از خودش، بعد از تمام این سالها. آهسته گفت: «من هم... دیگه نمیخوام تنهایی بسازم. دیگه نمیخوام برگردم به ایدههای بزرگ قبلی. دلم میخواد در کنار تو، حتی اگه هیچچی معلوم نیست، شروع کنم. از صفر، اما با هم. من دلم میخواد یه چیز کوچیک بسازم، نه برای برد، فقط برای معنا. حتی در دل طوفان، حتی در

جهنـم هـم می‌شـه بهشـت سـاخت!» همـان لحظـه بـود کـه همه‌چیـز تغییـر کـرد. نـه ناگهـانی، نـه انقـلابی. مثـل زدن یـک کلیـد؛ جرقـه‌ای کوچـک، امـا سرشـار از امیـد. دیگـر لازم نبـود بـه کسـی چیـزی ثابـت کننـد. نـه بـه خانـواده، نـه بـه جامعـه، نـه حتـی بـه خودشـان. بـرای اولیـن بـار، تصمیمشـان ریشـه در آرامـش مشـترک داشـت، نـه در آرزوی بـزرگ یـا رؤیـای بیرونـی. محمدعلـی هـم کـه از مانـدن خسـته شـده بـود و دلـش می‌خواسـت بـا هـم باشـند، بی‌سروصـدا استعفـای خـود را تحویـل داد. دیگـر دلـش بـا پتروشیمـی و نمـودار و بودجـه نبـود. پیشـنهادی تـازه دریافـت کـرده بـود بـرای تدریـس و منتوریـنگ در حـوزهٔ توسعـهٔ فـردی. چیـزی در درونـش زمزمـه کـرده بـود: «شـاید وقتشـه گذشـته‌ت رو ابـزار آینـده کنـی.» امـا نگاهـش، همـان نـگاهی کـه مرجـان سـال‌ها بـا آن عاشـق شـده بـود، پـر از مهـر و اشـک و تصمیـم بـود.

پرواز مشترک

تصمیـم گرفتنـد مهاجـرت کننـد. امـا ایـن بـار نـه یکـی بـی دیگـری، بلکـه بـا هـم. محمدعلـی از موقعیـت حرفـه‌ای‌اش در پتروشیمـی گذشـت؛ شـغلی کـه سـال‌ها برایـش جنگیـده بـود. مرجـان نیـز مسـیر استارتاپ‌سـازی انفرادی‌اش را بسـت. دیگـر نیـازی بـه پیروزی‌هـای نمایشـی نبـود.

چنـد مـاه بعـد، آن‌هـا وارد کشـور جدیـدی شـدند. زبان‌هـا غریـب، کوچه‌هـا ناشنـاس، حتـی رنـگ آسـمان متفـاوت بـود. امـا بـرای اولیـن بـار، هـر دو بـا هـم در دل نادانسته‌هـا بودنـد. غریبگی‌شـان مشـترک بـود و همیـن، تبدیـل بـه سـرمایه شـد. شـروع، آسـان نبـود. شب‌های بی‌پولـی، روزهـای بلاتکلیفـی، تردیدهـایی کـه هـرازگاهی بـه سراغشـان می‌آمـد. گـاهی فکـر می‌کردنـد شـاید اشتبـاه کرده‌انـد. امـا در همـان شب‌هـای تاریـک

بود کـه پایه‌هـای شـرکت مشترکشـان گذاشتـه شـد. ایده‌شان سـاده بـود: ترکیـب توانمندی‌هایشـان در یـک شـرکت آمـوزشی و مشـاوره‌ای. تلفیقـی از تجربـهٔ صنعتـی محمدعلـی و مهارت‌هـای ارتبـاطی و فرهنگـی مرجـان. ایـن بـار، دیگـر نـه رؤیـای جهانـی شـدن، بلکـه رؤیـای مؤثـر بـودن در زنـدگی آدم‌هـا. شـب‌ها کنـار هـم می‌نشسـتند، بیزینس‌پلـن می‌نوشـتند، دوبـاره خـط می‌زدنـد، دوبـاره از نـو می‌نوشـتند. گاهی کلافـه می‌شـدند، گاهی دلسـرد. امـا هیچ‌کـدام دیگـری را رهـا نکـرد. حتـی وقتی سـرمایه‌گذار نیامـد، حتـی وقتـی همـکاران اولیـه انصـراف دادنـد، حتـی وقتـی هفته‌هـا هیـچ جلسـه‌ای جـواب نـداد. تـا اینکـه روزی رسـید کـه قـرارداد اولیـن پـروژه امضـا شـد. نـه جشـن بزرگـی بـود، نـه تبلیـغ، نـه هیاهـو. فقـط لبخنـدی کـه میـان نـگاه مرجـان و محمدعلـی رد و بـدل شـد. مرجـان گفـت: «حـس می‌کنـم بـرای اولیـن بـار، واقعاً داریـم بـا هـم می‌سـازیم. نـه از روی تـرس، نـه از روی نیـاز. از روی انتخـاب.» محمدعلـی لبخنـد زد. نـه فقـط بـرای تأییـد، بلکـه بـرای در آغـوش کشـیدن همـان لحظـه. آن‌هـا فهمیـده بودنـد کـه موفقیـت همیشـه از جنـس عـدد و نمـودار نیسـت، گاهی در سـاختن جهانـی کوچـک امـا صمیمـی معنـا پیـدا می‌کنـد.

زندگی سـاده‌تر شـده بـود؛ شـاید بـا امکانـات کمتـر، امـا بـا آرامشـی بیشـتر. شـب‌ها، کنـار هـم، بی‌نیـاز از کلمـات زیـاد، گاهی فقـط سـکوت، گاهی چنـد خـط از کتابی یـا خوانـدن یـک ایمیـل سپاسـگزاری از مراجعه‌کننـده‌ای ناشـناس. چیزهایی کوچـک، امـا بـا طعـم عمیـق معنـا. در همیـن مسـیر، آن‌هـا آموختنـد کـه موفقیـت، اگرچـه دیگـر شـبیه آن رؤیاهـای قدیمـی نبـود، امـا شـاید واقعی‌تـر شـده بـود، چـون در دلـش

بـا هـم بـودن ریشـه داشـت. بـا همـۀ تفاوت‌هـا، چالش‌هـا و شکسـت‌ها، آنچـه باقـی مانـده بـود، عشـقی بـود کـه هـر روز بازتعریـف می‌شـد.

رقص میان امید و یأس؛ سرود پیروزی در سکوت

زندگـی همیشـه یـک خـط صـاف نیسـت. بیشـتر شـبیه ملـودی‌ای اسـت کـه میـان سـکوت و هیجـان، شـک و ایمـان، در نوسـان اسـت. شـرکت مشـترک مرجـان و محمدعلـی، مثـل همیـن ملـودی بـود. گاهـی اوج می‌گرفـت، گاهـی فـرود می‌آمـد، امـا همیشـه صدایـی زنـده داشـت: صـدای «بـا هـم بـودن».

در آغـاز، پروژه‌هـا کـم بودنـد. مرجـان دوره‌هـای کوچکـی بـرای زنـان مهاجـر برگـزار می‌کـرد؛ جلسـات گفت‌وگـوی آزاد، کارگاه‌هـای هویـت و توانمنـدی. محمدعلـی هـم در اتاقـی کوچـک، جلسـات کوچینـگ شـغلی بـرای مهاجـران، جوانـان سـردرگم یـا کارمنـدان خسـته‌ای کـه بـه بن‌بسـت رسـیده بودنـد، برگـزار می‌کـرد. پیشـرفت آهسـته بـود، امـا معنـا داشـت. مرجـان گاهـی بـا زنـی روبـه‌رو می‌شـد کـه به‌سـختی حـرف می‌زد، امـا چنـد جلسـه بعـد، شـروع بـه سـاختن ایـدۀ خـودش می‌کـرد. محمدعلـی گاهـی بعـد از مشـاوره بـا مـردی ناامیـد، چنـد هفتـه بعـد ایمیلـی دریافـت می‌کـرد: «ممنونـم کـه یـادم دادی می‌تونـم دوبـاره شـروع کنـم.»

موفقیـت، حـالا از جنـس لبخندهـا شـده بـود. از جنـس کلمـات سـاده‌ای مثـل «امیـد»، «جرئـت»، «بالاخـره شـروع کـردم». دیگـر خبـری از سـالن‌های بـزرگ یـا لوگوهـای بـراق نبـود، امـا رضایتـی در دلشـان نشسـته بـود کـه سـال‌ها دنبالـش بودنـد. مرجـان هنـوز دفترچـه‌اش را داشـت، امـا حـالا در آن از حـس مفیـد بـودن می‌نوشـت؛ نـه اضطـراب جدایـی، نـه اشـک تنهایـی، بلکـه روایت‌هـای کوتـاه از زنانـی کـه تغییـر کـرده بودنـد.

محمدعلی هـم دیگـر شب‌ها بـرای فـرار از فکرهـا، راننـدگی نمی‌کـرد. حـالا راننـدگی‌هـای شبانه‌اش جایـی بـرای فکـر کـردن بـه آینـده بـود؛ آینـده‌ای کـه شـکل گرفتـه بـود، نـه کامـل، نـه بی‌نقـص، امـا واقـعی.

یـک شب بعـد از کار، مرجـان بـه خـودش گفـت: «قـرار بـود از صفـر شـروع کنیـم! چـه صفـر گـرم و پربـاری بـود!» محمدعلـی هـم بـه همیـن فکـر می‌کـرد کـه آن‌هـا از صفـر شـروع نکردنـد، از خودشـان شـروع کردنـد! در ایـن فصـل از زندگی‌شـان، یـاد گرفتنـد کـه امیـد و یـأس، مثـل دو روی یـک سـکه‌انـد و فقـط کسـی می‌توانـد از دل یـأس، امیـد بسـازد کـه بلـد باشـد بـا دیگـری هم‌نـوا شـود، نـه اینکـه رقابـت کنـد. دیگـر رابطه‌شـان صحنـهٔ مبـارزهٔ دو رؤیـا نبـود، بلکـه صحنـهٔ رقـصی دونفـره شـده بـود؛ در تعـادل، در سـکوت، در هماهنـگی‌ای کـه سال‌هـا برایـش جنگیـده بودنـد. آن‌هـا یـاد گرفتـه بودنـد کـه عشـق، وقتـی واقـعی اسـت، نـه تـو را می‌بلعـد، نـه کوچـک می‌کنـد. عشـق، اگـر همـراهی کنـد، رشـد می‌دهـد، بـه هویتـت معنـا می‌دهـد، بـه کار، روح می‌دهـد. مسیـر تـازهٔ ایـن داسـتان، داسـتان موفقیـت نبـود، داسـتان سـاختن...

اصول کوچینگی که با آن‌ها زیستیم

سـاختن چشـم انـدازی مشـترک، انسـانی و واقـعی در جهـانی کـه پیوسـته در حـال جدایـی اسـت، هـدف مـا بـود. مـا از نـو، آموختـه بودیـم کـه عشـق، تعهـد و آرزوهـا می‌تواننـد بـدون قربـانی شـدن یـکی بـه پـای دیگـری، دسـت در دسـت هـم، مسیـری روشـن، حتـی در میـان ابهامـات، بسـازند. امـروز کـه بـه گذشـته می‌نگریـم، درمی‌یابیـم کـه مسیـر زندگی‌مـان پرفرازونشیـب بـوده اسـت. آسـان‌تر بـود کـه یـکی از مـا خـود را در اولویـت قـرار می‌داد و بـه دنبـال رؤیاهایـش می‌رفـت، امـا مـا رؤیـا را در

کنار کسی می‌خواستیم که دوستش داریم و دوستمان دارد؛ درست مانند یک شام خانوادگی! چه غذاها لذیذ باشند و چه ساده، در کنار هم بودن، همه‌چیز را لذت‌بخش‌تر می‌کند. نه من و نه همسرم، هیچ‌کدام نقش قربانی را نپذیرفتیم و رؤیای خود را کنار نگذاشتیم تا رؤیای دیگری را بسازیم، بلکه در کنار هم، رؤیایی جدید، هدفمند و ارزشمند ساختیم.

سفر ما نه از نظریه‌های انتزاعی، بلکه از ابزارهای کاربردی کوچینگ قدرت می‌گرفت. تعهد به گفت‌وگوی بی‌نقاب و چشم‌اندازی مشترک به ما این امکان را داد تا آینده را با هم خلق کنیم و هم‌زمان، یک ذهنیت تاب‌آور، قدرت بازتعریف شکست را به ما بخشید. این رویکرد ما را توانمند ساخت تا انتخاب‌های دوگانه را کنار بگذاریم و «راه سوم» را بسازیم؛ راه‌حلی یک‌پارچه و مبتنی‌بر عمیق‌ترین ارزش‌هایمان.

همسفران تفاوت، همراهان موفقیت

دربارهٔ نویسندگان

مرجان آشـــتیانی تحلیلگـر و معامله‌گـر حرفـه‌ای بازارهای مـالی، کــوچ روان‌شــناسی معامله‌گــری و بنیان‌گــذار لوناریــا اف اکــس[1] اســت. او از چهره‌هــای چندبعــدی و تأثیرگــذار در دنیــای معامله‌گــری اســت و بــا تلفیــق نــگاه تحلیــلی، رویکردهــای روان‌شناســانه و تجربه‌هــای واقــعی بــازار، توانســته اســت مسیــر تــازه‌ای را در آمــوزش و کوچینــگ معامله‌گــری ایجــاد کنــد. تخصــص او در بازارهــای فارکــس[2] و بــورس ایــران، به‌همــراه توســعهٔ دو روش منحصربه‌فــرد تی ۳[3] و آر اس آی ۳[4]، یــک بســتر[5]

1 LunariaFX
2 Forex (Foreign Exchange)
3 T3
4 RSI3
5 Platform

آموزشی مستقل و کاربردی را پایه‌گذاری کرده است؛ بستری که طی سال گذشته، با طراحی مجدد و ارتقای محتوایی، به یکی از منابع اصلی آموزش‌های حرفه‌ای در این حوزه تبدیل شده است.

پیش از ورود به دنیای مالی، مرجان در رشتۀ مهندسی عمران تحصیل کرده بود و سال‌ها در پروژه‌های بزرگ عمرانی، به‌ویژه در زمینه‌های کنترل پروژه، طراحی و اجرا فعالیت داشت. اکنون او از مهارت‌های قدیمی و ریشه‌دار خود در برنامه‌نویسی تحت شبکه بهره می‌برد تا نگاه دقیق‌تری به ساختارهای تحلیلی و سیستمی معاملات داشته باشد.

در سال‌های اخیر، حوزه‌های فعالیت او فراتر رفته و شامل خدماتی مانند کوچینگ حرفه‌ای معامله‌گری، طراحی مدل کسب‌وکار، و تدوین مطالعات فنی-اقتصادی برای پروژه‌ها شده است. گام جدید و بین‌المللی او، تأسیس شعبۀ دوم شرکتش در کشور امارات است؛ حرکتی استراتژیک در راستای گسترش برند شخصی و توسعۀ فعالیت‌های حرفه‌ای در سطح منطقه‌ای.

مرجان صرفاً یک فعال بازار نیست؛ او انسانی چندوجهی است که هم‌زمان با رشد در حوزه‌های حرفه‌ای، خود را وقف مطالعه و آموزش تربیت کودک با رویکردی شناختی و انسان‌محور نیز کرده و در نقش مادری، درخشش و تعهدی کم‌نظیر از خود نشان داده است.

او در رسانه‌ها و شبکه‌های اجتماعی، شخصیتی خودمانی، صمیمی و درعین‌حال الهام‌بخش از خود ارائه می‌دهد؛ با هدف همراهی با کسانی که می‌خواهند آگاهانه‌تر بیندیشند، مستقل‌تر عمل کنند و مسیر مالی و شخصی خود را با اعتمادبه‌نفس بسازند.

همسفران تفاوت، همراهان موفقیت

محمدعلی شبیری استراتژیست، کوچ حرفه‌ای و طراح رشد سازمانی در صنعت پتروشیمی است. او از چهره‌های برجسته و اثرگذار در حوزهٔ مدیریت استراتژیک و توسعهٔ کسب‌وکار در ایران است. محمدعلی با تحصیلاتی در رشتهٔ مهندسی عمران، و سپس با تکمیل مدارک حرفه‌ای در مدیریت اجرایی و گذراندن دو دورهٔ کارشناسی ارشد مدیریت بازرگانی[1] و دکترای مدیریت بازرگانی[2]، مسیر علمی خود را با دریافت دکترای مدیریت از دانشگاه کلرمونت فرانسه[3] ادامه داد و با تلفیق تجربهٔ میدانی و دانش تحلیلی، به یکی از مراجع قابل اتکا در حوزهٔ راهبری استراتژیک تبدیل شد.

او به‌عنوان مدیر اسـتراتژیک در یـکی از بزرگ‌تریـن شـرکت‌های پتروشیمی

---

1   Master of Business Administration (MBA)
2   Doctorate of Business Administration (DBA)
3   Université Clermont Auvergne

کشـور فعالیـت داشـته و نقـشی کلیـدی در توسـعه و اجـرای چندیـن واحد پتروشیمیایی[1] ایفا کرده اسـت. توانمندی او در نگارش مطالعات توجیه‌پذیری اقتصادی پروژه‌ها و طـراحی مـدل کسب‌وکار[2] بـرای شـرکت‌های بـزرگ، باعـث شـده اسـت در ارزیابی‌هـای مـلی، چندیـن سال پیـاپی به‌عنـوان مدیر برتر اسـتراتژی در کشـور شـناخته شود.

در کنـار فعالیت‌هـای سـازمانی، محمدعـلی یـک کـوچ حرفـه‌ای مـورد تأییـد فدراسـیون بین‌المللـی کوچینـگ[3] نیـز هسـت و بـا تمرکـز بـر رشد فـردی، توسـعۀ رهبـری و تصمیم‌سازی راهبـردی، مدیـران و کارآفرینـان را در مسـیر پیشـرفت همـراهی می‌کند. رویکـرد او در کوچینـگ اسـتراتژیک، عمیقـاً از سـفر شـخصی خـود او در پیمـودن گذارهـای شـغلی پیچیـده و سـاختن یـک زنـدگی مبتنی‌بـر ارزش‌هـای مشـترک نشـئت گرفتـه اسـت.

راه‌های ارتباط با نویسندگان:

مرجان:

📨 +۹۷۱۵۲۲۳۴۰۰۷۶
🟢 +۹۷۱۵۲۲۳۴۰۰۷۶
📨 lunariafx ⟨https://t.me/lunariafx ⟩
✉️ marjan.t.ashtiani@gmail.com
✉️ lunariafx@gmail.com

محمدعلی:

📨 +۹۷۱۵۸۲۳۴۰۰۷۶
🟢 +۹۷۱۵۸۲۳۴۰۰۷۶
✉️ mohamadali.coach@gmail.com

---

1 Petrochemical Plant
2 Business Model
3 International Coaching Federation (ICF)

شرکت:

- mascoadvisory
- mascoadvisory@gmail.com
- www.mascoadvisory.com

روایت یک زن جست‌وجوگر

از معلمی تا کوچینگ

اعظم ایرجی

روایت یک زن جست‌وجوگر از معلمی تا کوچینگ

اعظم ایرجی

بیزینس‌کوچ حرفه‌ای، مؤسس آکادمی زندگی طلایی در ایران و ترکیه

صدایم در راهروها مانده بود...

صدایم هنوز هم گوشه‌ای از راهروهای مدرسه مانده است؛ میان تخته‌های چوبی کلاس‌ها و ذرات پراکندهٔ گچ در هوای زمستانی. گاهی وقتی سکوت را با خودم مرور می‌کنم، صدای خودم را می‌شنوم که نام یک دانش‌آموز را بلند صدا می‌زند یا مفهومی را با حرارت توضیح می‌دهد؛ با تمام شور یک معلم که باور دارد آموزش، رهایی است.

من یک زن هستم. نه فقط در شناسنامه، که در تمام تار و پودم. فقط هجده سالم بود که همسر شدم، هجده سالم بود که مادر شدم، و در همان هجده‌سالگی، هم‌زمان با دانشجویی و آموزش و زندگی، دیدم و فهمیدم که زندگی‌ام قرار نیست صبر کند. من هم‌زمان مادر شدم، همسر شدم، معلم شدم و در مسیر پرچالش ساختن «خودم» قدم گذاشتم. در همان سال‌هایی که بیشتر هم‌سالانم هنوز در آرزوی آینده‌ای مبهم بودند، من ایستاده بودم؛ میان تخته‌سیاه کلاس، دفتر نمرات، شیشه‌شیر، دفتر کار، و خواب‌های نیمه‌کاره.

بیش از سه دهه از آن روزها گذشته است. سه دهه تجربهٔ مادری، همسری، آموزش، سخنرانی، تربیت، کارآفرینی و جست‌وجوی بی‌پایان برای معنا. حالا که نگاه می‌کنم، می‌بینم هیچ‌کدام از نقش‌هایم را رها نکرده‌ام، بلکه هرکدام لباسی دیگر بر تن «من» بوده‌اند: زنی که هر بار فروریخته و از نو ساخته شده است. کسی نبود که

بپرسد: «آیا آماده‌ای؟» درک و دانش خودم، بافت خانوادگی و محیط اجتماعی پیرامونم و شاید تقدیرم، رسالتم و مسیر رشدم، زندگی را این‌گونه برایم رقم زد. زندگی فقط می‌دوید و من باید هم‌پای او، نقش‌هایم را خلق می‌کردم. در آن سال‌ها کسی نمی‌پرسید: «تو چه می‌خواهی باشی؟» اما من در سکوت، انتخاب کردم که بمانم و بسازم. دانشجوی تمام‌وقت بودم، معلم تمام‌وقت، مادر تمام‌وقت، همسر تمام‌وقت و فرزندی همراه برای خانواده‌ام. هیچ‌وقت نفهمیدم آن‌همه توان را از کجا آورده بودم؛ فقط می‌دانستم که باید پیش بروم.

تا سال‌ها گمان می‌کردم رسالتم آموزش است. عاشق کلاس بودم. عاشق آن لحظهٔ طلایی که نگاه یک دانش‌آموز برق می‌زند و چیزی را می‌فهمد؛ آن درکِ عمیق، که هیچ نمره‌ای اندازه‌اش نیست. نه‌تنها معلمی و استادی، بلکه پست‌های کلیدی مختلفی را در سطوح مختلف مدیریتی و اجرایی تجربه کردم؛ از ریاضیات تا کامپیوتر، در هنرستان‌ها، دانشگاه، مراکز فنی-حرفه‌ای، و در تالارهای سخنرانی برای زنان و مردانِ جویای کارآفرینی، توسعهٔ فردی و کسب‌وکار. سال‌ها آموزش دادم. ساختن را آموختم و آموختم. ولی همیشه صدایی در اعماق ذهنم طنین‌انداز می‌شد: «اعظم، تو خودت کجایی؟» انگار میان این‌همه نقش، خودِ من جایی جا مانده بود؛ میان تخته‌سیاه‌ها، فرمول‌ها، فرم‌های ارزشیابی، میان تشویق و مسئولیت... جایی، لایه‌ای از من خاموش مانده بود. این نقطهٔ شروع داستان من است؛ داستان زنی که در هجده‌سالگی وارد جهانی چندنقشی شد، اما سال‌ها بعد فهمید که زیستن واقعی با برگشتن به صدای خاموشِ درون آغاز می‌شود.

جایی که مسیر عوض شد

حـدود ده سـال پیـش، هم‌زمـان بـا اوج‌گیـری کارم در صنعـت طـلا و جواهـر کـه در کنـار آمـوزش شـروع کـرده بـودم، احسـاس کـردم دیگر نمی‌توانـم بـا همـان روش قبلـی ادامـه دهـم. از بیـرون، زندگی‌ام شـبیه یـک الگـوی موفـق بـود: درآمـد بـالا، خانـه‌ای مجلـل، موقعیـت اجتماعـی خـوب... امـا درونـم یـک زن خسـته، شـاید گاهـی غمگیـن و بی‌صـدا، فریـاد می‌زد. درسـت در همـان لحظـه‌ای کـه دلـم می‌خواسـت توقـف کنـم، انـگار غـول چـراغ جـادوی زندگـی بـه شـیوهٔ خـودش عمـل کـرد. هنـوز هـم ایـن هم‌زمـانی برایـم هزارتـویی تاریـک و پرابهـام اسـت...

تصمیـم بـه مهاجـرت، تصمیمـی ناگهانـی و بـدون پیش‌بینـی و آماده‌سـازی قبلـی بـود، ماننـد مرگ‌هـای یک‌بـاره؛ امـا بـرای مـن یـک نقطـهٔ عطـف شـد. نقطـه‌ای طـلایی در پـس پـردهٔ رنج‌هـا و سـختی‌ها؛ روزی کـه بایـد در یـک چمـدان چهل‌کیلویـی، همـهٔ زندگی‌ام را جـا می‌دادم. بعدهـا فکـر کـردم مهاجـرت بی‌شـباهت بـه مـرگ آگاهانـه نیسـت. آن لحظـه، دقیقـاً همـان جایـی بـود کـه در عمـق وجـودم لرزیـدم. بـا خـودم گفتـم: «اگر قـرار باشـد همیـن حـالا دنیـا را تـرک کنـم، چـه از مـن باقـی می‌مانـد؟» همه‌چیـز را باقـی گذاشـتم؛ خانـه، زندگـی مجلـل، آشـپز، خانـه‌دار، راننـده، جایـگاه، زبـان، دوسـتان، خانـواده و حتـی بخشـی از هویـت سـابقم را. امـا انـگار در عـوض، چیـزی ارزشـمندتر بـه دسـت آوردم: خـودم.

مهاجـرت بـرای مـن صرفـاً تغییـر جغرافیـا نبـود؛ تجربـه‌ای عمیـق و تکان‌دهنـده بـود کـه مثـل مـرگ، همه‌چیـز را از مـن گرفـت تـا خـودم را بـه مـن بازگردانـد. تصـور کـن بعـد از سـی سـال زندگـی در رفـاه، ثبـات و موقعیـت اجتماعـی ممتـاز، ناگهـان تنهـا سـرمایه‌ات چمدانـی

چهل‌کیلویی باشد. پشت سرت خانه‌ای مجلل، کسب‌وکاری موفق، خانواده‌ای گسترده و تصویری تثبیت‌شده از خودت، و پیشِ رویت کشوری ناشناخته، زبانی ناآشنا، قانونی غریب، و غربتی همه‌جانبه. در آن روزها، در میان همه‌گیری کرونا و بسته شدن مرزها، من نه فقط از وطنم، که از نسخه‌ای از «اعظم» خداحافظی کردم. زنی که سال‌ها، در نقش‌های مختلف، خود را فدای نظم‌های اجتماعی کرده بود، در دل همان فاجعهٔ ظاهری، شروع به شناختن دوبارهٔ خود کرد.

وقتی چمدان‌ها سنگین‌تر از یک عمر شدند...

آن روز فقط یک چمدان داشتم؛ نه از روی نداری، که از دل بریدن. منِ آگاه، منِ همیشه کنش‌گر، که سال‌ها در امور خیریه فعال بودم، که معنای زیستن را همیشه در «خدمت کردن» تعریف کرده بودم، ناگهان با برهنگی یک سؤال بزرگ مواجه شدم: «آیا واقعاً زندگی کرده‌ام؟»

کرونا بود؛ مرزها بسته، جهان بی‌نفس و دل بی‌قرار. من، فرزندانم، چمدانی کهنه، هواپیمایی که پروازش معلوم نبود و جهانی که هیچ نقشه‌ای برایش نداشتم. همان‌جا بود که اولین جرقه زده شد. نه فقط جرقهٔ مهاجرت، بلکه شعلهٔ بازگشت به خودم. نهال کوچینگ[1] از همان سال در ذهنم کاشته شد. هنوز نمی‌دانستم نامش چیست، ولی فهمیدم که باید از نو ببینم، از نو بفهمم، از نو باشم.

کوچینگ؛ نه یک حرفه، بلکه بازگشت به خویش

اولین آشنایی‌ام با کوچینگ مثل کشف یک دنیای جدید بود. وقتی اولین دوره را گذراندم، شوکه شدم. انگار سال‌ها زندگی‌ام را با

1 Coaching

فیلترهایی می‌دیدم که خودم ساخته بودم. آن‌قدر عمیق تکان خوردم که در پنج آکادمی مختلف، با رویکردهای گوناگون، هم‌زمان آموزش دیدم. اما کوچینگ فقط آموزش نبود. هر جلسهٔ کوچینگ سفری به درونم بود. در هر گفت‌وگوی حرفه‌ای، به لایه‌ای جدید از خودم نزدیک‌تر می‌شدم. به‌قدری این مسیر را جدی گرفتم که در عرض چند سال، بیش از ده‌هزار ساعت جلسهٔ کوچینگ فردی و گروهی برگزار کردم. هم‌زمان، شخصیت‌شناسی انیاگرام[1]، روان‌شناسی عمقی[2] و حتی اختربینی[3] را نیز آموختم؛ نه از سر کنجکاوی، بلکه برای شناخت بیشتر «اعظم».

کوچینگ همان نوری بود که از شکاف دیوارها تابید. اولین بار که واژهٔ «کوچینگ» را شنیدم، فکر نمی‌کردم قرار است این کلمهٔ ساده پنجره‌ای به دنیای تازهٔ درونم باز کند. نه جلسه‌ای انگیزشی بود، نه کارگاهی پُر از شعار. جلسهٔ اول، سکوتش بیشتر از کلماتش با من حرف زد. سؤالاتش ساده بودند، اما چنان در عمق جانم ریشه می‌دواندند که نمی‌توانستم از پاسخ دادن فرار کنم. گویی سال‌ها در آیینه‌ای کدر به زندگی نگاه می‌کردم و حالا یک‌باره این آیینه تمیز شده بود. نفس کشیدن در اتاق کوچینگ، شبیه هیچ‌کدام از تجربه‌های قبلی‌ام نبود. من در آن فضا، معلم، مادر یا مدیر نبودم؛ خودم بودم. و آن خودِ واقعی چقدر غریبه بود.

---

۱ انیاگرام شخصیت (Enneagram of Personality) یک سیستم شخصیت‌شناسی است که افراد را در ۹ تیپ شخصیتی دسته‌بندی می‌کند. هر تیپ دارای انگیزه‌ها، ترس‌ها و الگوهای رفتاری منحصربه‌فرد است. انیاگرام به‌عنوان ابزاری برای خودشناسی و درک بهتر دیگران استفاده می‌شود.

2 Depth psychology

3 Astrology

این کشف آن‌قدر عمیق، تکان‌دهنده و بیدارکننده بود که دیگر نمی‌توانستم به گذشته برگردم. به‌جای یک دوره، در دوره‌های پنج آکادمی مختلف شرکت کردم؛ هرکدام با رویکردی خاص و گاه متضاد، اما همه با یک هدف مشترک: کشف انسان. درست مثل کسی که تازه مزهٔ آزادی را چشیده باشد، حریص یادگیری شدم. تکنیک‌ها را یاد می‌گرفتم، اما مهم‌تر از همه، با هر تمرین، با هر جلسه، با هر گفت‌وگو، تکه‌ای از خودم را بازمی‌شناختم. کوچینگ برایم فقط یک مهارت نبود؛ یک آینه بود، یک فانوس، یک قطب‌نما. جلسه‌هایم فقط برای مراجعان نبود؛ من هم هر بار، هم‌پای آن‌ها سفری به درونم داشتم. بارها شده است وسط صحبت یک مراجع، بغض من هم شکسته است؛ نه از سر ضعف، بلکه در مواجهه با حقیقتی خاموش در درون خودم.

این مسیر به‌قدری جدی و نجات‌بخش شد که در مدت چهار سال، با مراجعانی از سراسر دنیا بیش از ده‌هزار ساعت نشست کوچینگ فردی یا گروهی-سازمانی برگزار کردم. هم‌زمان، مسیر خودشناسی‌ام را گسترش دادم. دوره‌های شخصیت‌شناسی انیاگرام را در آکادمی‌های معتبر بین‌المللی گذراندم و در هر تیپ شخصیتی، گوشه‌ای از گذشتهٔ خودم را دیدم. در دوره‌های روان‌شناسی عمقی هم، لایه‌هایی از ناخودآگاهم را شناسایی کردم. در این مسیر، نیاز به کشف ریشه‌ها مرا به سمت اختربینی کشاند. نه برای پیش‌بینی، بلکه برای تأمل در نقش بی‌نظیر ما در هستی. برای فهم رمز نظم جهان و جایگاه خودم در آن. شناخت کهن‌الگوها، چرخه‌ها، راز زمان و تأثیرات کیهانی بر روان انسان، عمقی به من داد برای درک، پذیرش و یافتن

زبان مشترکی میان زمین و آسمان.

این نگاه، پیوندی شد میان خِرد شرقی، روان‌شناسی نوین و کوچینگ. من یاد گرفتم انسان وقتی خودش را می‌بیند، جهان را نیز واضح‌تر می‌بیند. همهٔ این‌ها برای یک هدف بود: برای اینکه اعظم را بشناسم؛ نه آن کسی که دیگران می‌دیدند، بلکه آن زنی که لابه‌لای نقش‌ها، مسئولیت‌ها و موفقیت‌های ظاهری گم شده بود. امروز وقتی مراجعانم روبه‌رویم می‌نشینند، من فقط یک کوچ نیستم؛ آینه‌ای هستم که خودش بارها و بارها در آن فرورفته و دوباره برخاسته است. کوچینگ مسیر بازگشت من بود به خویش، به معنا، به نور.

اعظمِ هجده‌ساله مادر شد، تحصیل کرد، تدریس کرد. اعظمِ سی‌ساله هم کارآفرین بود، هم معلمی محبوب. اعظمِ چهل‌ساله مهاجر شد، از صفر آغاز کرد و با خودش روبه‌رو شد. در یکی از جلسات کوچینگ، جمله‌ای به ذهنم رسید که مسیرم را عوض کرد: «سال‌ها برای ساختن زندگی جنگیدی، اما فراموش کردی زندگی را زندگی کنی.»

تولد یک هلدینگ[1] از دل یک بحران

مهاجرت برای من فقط یک جابه‌جایی جغرافیایی نبود؛ شکستنِ نظمِ آشنا، دل کندن از منطقهٔ امن و مواجهه با خودی بود که سال‌ها در لایه‌های «باید» و «نقش» پنهان شده بود. در روزهای اول، ترکیه نه بهشت بود و نه کابوس؛ فقط سرزمینی بی‌صدا بود. هیچ‌کس نه مرا می‌شناخت، نه گذشته‌ام را می‌دانست و نه موفقیت‌هایم را می‌دید. اما همان‌جا، میان دیوارهای خانه‌ای اجاره‌ای

---

1 Holding Company

و ساده و میز کاری جمع‌وجور، به دور از امکانات و زندگی مجلل گذشته و شغل و درآمد عالی و هویت اجتماعی قدرتمندم، تصمیمی گرفته شد: دوباره خلق کردن. این بار نه از روی اجبار، بلکه با آگاهی؛ نه برای بقا، بلکه برای معنا.

من هلدینگ زندگی و طلا[1] را همان‌جا در ذهنم نوشتم؛ درحالی‌که هنوز هیچ‌چیز مشخص نبود. یک ترکیب جسورانه از آنچه بلد بودم و آنچه به آن ایمان داشتم: دنیای طلا و جواهر که سال‌ها تجربه‌اش را داشتم، و دنیای کوچینگ که عمیقاً در آن نفس کشیده بودم. اولین گام‌ها آهسته بود. با زبان ناآشنا و بازار ناآشنا، و حتی گاهی با دلی ناآشنا. اما باور داشتم. نه به موفقیت فوری، بلکه به درستیِ مسیر. هر گفت‌وگو، هر همکاری، هر مشتری، هر دانشجو، ذره‌ذره این هلدینگ را ساختند و امروز، وقتی پشت میز جلساتم می‌نشینم، وقتی کلاس‌های کوچینگ آکادمی زندگی طلایی در ایران و ترکیه جریان دارد، می‌دانم که من فقط یک کسب‌وکار نساختم؛ من خودم را از نو ساختم.

من زنی هستم که تجربه کرده، زمین خورده، شکست خورده، از نو برخاسته و باز هم ادامه داده است. من زنی هستم که معنای واقعی رشد را فقط در نمودار سود و زیان ندیده، بلکه در اشک‌های مراجع، در لبخندِ دانشجو و در جرئت یک همکار برای آغاز تازه یافته است. امروز، بعد از شش سال مهاجرت و شروع مجدد، مدیریت هلدینگ زندگی و طلا در ترکیه و آکادمی آموزش کوچینگ زندگی طلایی در ایران و ترکیه، برای من زیستنی دوباره است از دل بودن‌ها و بایدها،

---

1 Life & Gold

تلفیقی از آنچه بودم، هستم و باید باشم. در این مسیر نه‌تنها خودم و فرزندانم، بلکه همکارانم، دانشجویانم و مراجعانم، همه در سفر رشد شخصی و شغلی خود، بخشی از مسیر من و مسیر ما و مسیر زندگی را زندگی می‌کنند.

من دیگر فقط معلم یا کوچ نیستم؛ من زنی هستم که مسیر را زندگی کرده است. از مهاجرت تا بازسازی، از تربیت فرزند تا ساختن یک تیم، از شناسایی تاریکی‌های وجودم تا تبدیل آن‌ها به نور. هلدینگ طلا و زندگی و آکادمی زندگی طلایی فقط یک کسب‌وکار نیستند، این‌ها روایتِ زندگی من‌اند؛ روایت شجاعتی آگاهانه و تلاش برایِ از دل نبودن‌ها، بودن را ساختن و در دل بحران، تولدی دوباره داشتن.

معنویت و کوچینگ؛ دو زبان یک حقیقت

در این سال‌ها، تجربهٔ کوچینگ مرا با مفاهیم ژرف‌تری از هستی پیوند داد. وقتی در تاریکی بودم، کوچینگ دستم را گرفت، اما زمانی که در خاموشیِ روح، حتی صدای خودم را هم نمی‌شنیدم، معنویت نجاتم داد. نمی‌خواهم بگویم هرکس کوچ شود نجات می‌یابد، زیرا نجات یافتن فقط وقتی اتفاق می‌افتد که بخواهی نجات پیدا کنی و آگاهانه در مسیر نجات قدم برداری. کوچینگ برای من پلی شد میان ذهن و قلب، میان تصمیم و شهود، میان کاری که «باید» انجام دهم و چیزی که «روحم» به آن فراخوانده می‌شود.

هیچ‌کس نمی‌پرسد یک زن قوی کِی خسته می‌شود، یا زنی که همیشه مشغول است، کِی گریه کرده است. من هم نپرسیدم؛ نه

از خـودم و نـه از دیگـران. تـا روزی رسـید کـه دیگـر نمی‌شـد بـا همـان روش قدیمـی ادامـه داد. آن روز، نـه بحـران خاصـی بـه وجـود آمـده بـود، نـه اتفاقـی بیرونـی افتـاده بـود؛ فقـط یـک صبـحِ معمولـی بـود در غربتـی آشـنا، در خانـه‌ای اجـاره‌ای، میـان روزمرگی‌هـای مهاجـرت. امـا درونـم غوغـایی بـود. سـؤالاتی می‌آمدنـد کـه نمی‌توانسـتم نادیده‌شـان بگیـرم:

- این‌همه تلاش برای چیست؟

- من کیستم؟

- اگر همه‌چیز را از من بگیرند، من هنوز «من» می‌مانم؟

کوچینـگ بـا همیـن سـؤال‌ها شـروع شـد و معنویـت، آرام‌آرام، خـودش را بـه میـان گفت‌وگوهـا رسـاند. در هـر جلسـۀ کوچینـگ، مـن هـم همـراه بـا مراجعانـم، بـا لایـه‌ای از خـودم روبه‌رو می‌شـدم؛ گاهی بـا عزت‌نفسِ زخمـی، گاهی بـا خشـم‌های خاموش‌شـده، گاهی بـا دختربچـه‌ای کـه هنـوز دلـش می‌خواسـت دیـده شـود. امـا معنویـت فقـط حضـور در اتـاق کوچینـگ نبـود؛ گاهی در سـکوت بعـد از جلسـه می‌آمـد؛ در مواجهـه بـا کهنه‌تریـن زخم‌هـا. آنجـا بـود کـه فهمیـدم شـجاعت واقعـی همیشـه فریـاد نمی‌زنـد؛ گاهی در سـکوتِ تسـلیم، آرام امـا روشـن، می‌درخشـد.

شـجاعت آگاهانـه همـان جـایی اسـت کـه می‌پذیـری نمی‌دانـی، امـا ادامـه می‌دهـی، می‌پذیـری کـه درد داری، امـا رهـا نمی‌کنـی، می‌پذیـری کـه تصویـر آینـده مبهـم اسـت، امـا یـک گام دیگـر هـم برمی‌داری. مـن سـال‌ها اهـل دعـا و شـرکت در انجمن‌هـای خیریـه و کارهـای عام‌المنفعـه بـودم، امـا کوچینـگ فهمـم را عـوض کـرد و معنویـت را برایـم از آسـمان بـه زمیـن آورد. معنویـت را در گـوش دادن بـدون قضـاوت، در احتـرام بـه فضـای خامـوشِ بیـن دو جملـه و در پرسشـی کـه از تـه دل برمی‌خاسـت و

بی‌نیاز به جواب بود یافتم. من با کوچینگ، دوباره به خالقم وصل شدم؛ نه از طریق عقیده‌ای جدید، بلکه از راه بازگشت به خودم؛ خودِ اصیل، صادق، ترسناک و نورانی‌ام. می‌دانستم که کوچینگ فقط یک تکنیک نیست؛ کوچینگ یک نماز زمینی است.

زندگی طلایی؛ از درد به معنا

از آن زن هجده‌ساله تا این زن پنجاه‌ساله، راهی طولانی آمده‌ام. اکنون، بنیان‌گذار دو مجموعه هستم. مسیرم توانمندسازی زنان، کارآفرینی، کوچینگ کسب‌وکار و توسعهٔ فردی است. هنوز هم هر روز در حال یادگیری‌ام. هنوز گاهی زخم‌ها باز می‌شوند، هنوز اشک می‌ریزم، اما دیگر از شکست نمی‌ترسم. آموخته‌ام که هیچ‌چیز به اندازهٔ «خود بودن» شفابخش نیست و هیچ قله‌ای بدون عبور از دره‌ها معنا ندارد.

در پایان، به زنی که اکنون این فصل را می‌خواند، می‌گویم: اگر جایی از مسیر، از خودت دور شدی، نترس. مهاجرت کن؛ مهاجرتی درونی یا بیرونی. کافی است تصمیم بگیری چمدانت را ببندی و فقط آنچه را که واقعاً به کارت می‌آید برداری: صداقت، شهامت و رؤیایی که ارزش ساختن دارد. اگر زنی هستی که در چند نقش، هم‌زمان زندگی می‌کنی، اگر مدام بین کار و خانه و رؤیاهایت در رفت‌وآمد هستی، اگر گاهی صدایت در هیاهوی زندگی گم می‌شود، تنها نیستی. من هم آنجا بوده‌ام؛ با چشمانی اشک‌آلود در غربت، با دلی که بین ترس و امید در نوسان بود، با قلبی که دنبال معنا می‌گشت.

و امروز با همهٔ وجودم می‌گویم: «تو حق داری دوباره شروع کنی. حق داری صدای خودت را بشنوی. حق داری یک زندگی کاملاً جدید بسازی.» برای من، کوچ بودن یعنی همراهی با انسان‌هایی که

در میــان آشــفتگی، بــه دنبــال وضوحانــد، یعــنی ســاختن فضایــی بــرای گفت‌وگــویی اصیــل، بــدون قضــاوت و بــدون تــرس، یعــنی یــاد دادن اینکــه ریشــه‌هایت را بشــناسی، امــا بال‌هایــت را فرامــوش نکــنی. مــن زنی هســتم کــه بارهــا شکســت، امــا هــر بــار بلنــد شــد و خالــق داســتان تــازه‌ای گشــت؛ بــرای خــودش و بــرای جهــان پیرامونــش.

روایت یک زن جست‌وجوگر
از معلمی تا کوچینگ

دربارۀ نویسنده

اعظـــم ایـــرجی، بیزینس کوچ حرفـه‌ای، مـدرس تحـول
فـردی و کسـب‌وکار، بنیان‌گـذار هلدینـگ Life & Gold و مؤسـس آکادمی
زنـدگی طـلایی در ایـران و ترکیـه اسـت. او بـا بیـش از سـه دهـه تجربـه
در حـوزۀ آمـوزش و توسـعۀ فـردی، از مدرسـه و دانشـگاه تـا سـالن‌های
سـخنرانی، همیشـه صـدایی الهام‌بخـش و پرنفـوذ در مسـیر توانمندسـازی
داشـته اسـت. اعظـم پـس از سـال‌ها تدریـس و مدیریـت آموزشـی و اداری،
وارد دنیـای تجـارت طـلا و جواهـر شـد و به‌عنـوان یـک زن کارآفریـن در
کنـار خانـواده، کسـب‌وکار موفقـی را در ایـران اداره کـرد. نقطـۀ عطـف
زندگی او، مهاجـرتی یک‌بـاره، همـراه بـا رهایـی و بازآفرینـی بـود؛ زمانی
کـه کوچینـگ را نـه به‌عنـوان حرفـه، بلکـه به‌عنـوان راهـی بـرای بازگشت

به خویشتن کشف کرد.

اعظم ایرجی تاکنون نزدیک به ده‌هزار ساعت جلسۀ کوچینگ فردی و گروهی برگزار کرده و با تلفیق دانش‌هایی چون کوچینگ، انیاگرام، روان‌شناسی مثبت و اختربینی، رویکردی منحصربه‌فرد در رشد انسان‌ها ایجاد نموده است. او اکنون مدیر هلدینگ بین‌المللی زندگی و طلا در ترکیه و مؤسس آکادمی زندگی طلایی در ایران و ترکیه است؛ مرکزی برای آموزش، کوچینگ، توسعۀ مهارت‌های زندگی و کسب‌وکار، رشد و توسعۀ انسان‌ها و کمک به زیستن آگاهانه. اعظم قصد دارد با تمرکز بر رشد و توانمندسازی زنان در حوزۀ کسب‌وکار و توسعۀ فردی، رسالت خویش را در این دنیای پرمعنا زندگی کند؛ زیرا باور دارد که زنان دستیاران قدرتمند و بی‌نظیر خالق هستی‌اند.

نیمی از جهان را زنان تشکیل می‌دهند و نیم دیگر از زنان متولد می‌شوند و در دامن زنان رشد می‌کنند.

راه‌های ارتباط با نویسنده:

Azam_iraji

Azam_iraji

Azam_iraji

Azam_iraji

+۹۰۵۵۲۶۱۴۴۷۴۸

از معلمی تا کوچینگ

نسرین تیموری

از معلمی تا کوچینگ

نسرین تیموری

مدرس زبان انگلیسی، کوچ و مدرس شکوفایی

زندگی بسیار زیباست؛ چه خوب می‌شد اگر انسان‌ها کمی با تأمل، آرامش و همدلی با یکدیگر گفت‌وگو و تعامل می‌کردند.

در تمام سال‌های فعالیتم به‌عنوان معلم، همواره در دوره‌های مختلف آموزشی شرکت می‌کردم تا نکات تازه‌ای درزمینهٔ آموزش و تربیت بیاموزم؛ نکاتی که بتوانند به من کمک کنند تدریس مؤثرتری داشته باشم، ارتباطم با دانش‌آموزان را عمیق‌تر کنم و فضای کلاس را به محیطی پر از شوق یادگیری تبدیل نمایم. اما با وجود تلاش‌هایم، هیچ‌گاه احساس رضایت کامل درونی نداشتم؛ همیشه چیزی کم بود. گویی در جست‌وجوی راهی خاص بودم؛ راهی که بتواند به بهبود ارتباط میان معلم و دانش‌آموز و افزایش انگیزه و بازده یادگیری در کلاس کمک کند.

بسیاری از دانش‌آموزان و معلمان از شرایط موجود رضایت نداشتند. اغلب به نظر می‌رسید که زبان یکدیگر را نمی‌فهمند. در پایان سال تحصیلی، شاهد افت تحصیلی عده‌ای از دانش‌آموزان و کاهش انگیزه در آن‌ها بودیم. از سوی دیگر، معلمان هم با احساس فرسودگی شغلی و خستگی مفرط روبه‌رو می‌شدند. این چرخهٔ نارضایتی کم‌کم به من هم رسید. با وجود علاقهٔ عمیقم به تدریس و دانش‌آموزان، دیگر در درونم احساس رضایت و معنا نمی‌کردم. حس ناکافی بودن و نتیجهٔ دلخواه را از آموزش نگرفتن، مرا به‌تدریج فرسوده و ناامید کرده بود.

تا اینکه یک روز، ناگهان خودم را دیدم که از مدرسه بیرون آمدهام و تصمیم گرفتهام دیگر بازنگردم. با وجود اصرار اطرافیان برای برگشتن به کار، تصمیمم را گرفته بودم. احساس میکردم بخشی از هویتم را گم کردهام و باید به جستوجوی آن بروم. دیگر چیزی نمیتوانست مرا در مدرسه خوشحال کند. کتابهایی که سالها با عشق تدریسشان کرده بودم، حالا برایم بیروح و تکراری شده بودند. دانشآموزانی که با بیانگیزگی در کلاس حاضر میشدند و اغلب تنها از روی اجبار به مدرسه میآمدند، درگیر نوعی سردرگمی و پوچی شده بودند. روزی نبود که یکی از همکارانم درگیر چالشی انضباطی یا درسی با دانشآموزی نباشد. شکایت از دانشآموزان ضعیف و شلوغ اغلب محور اصلی صحبتهای معلمان با کادر مدرسه بود. در این میان، درد مزمن زانو و کمرم هم شدت گرفته بود و مزید بر علت شده بود. بالا رفتن از پلههای مدرسه برایم به معضلی واقعی تبدیل شده بود. تصمیم گرفتم ابتدا به درمان بپردازم. چارهای جز جراحی زانو نبود. بهناچار مرخصی پزشکی گرفتم و برای درمان اقدام کردم. شروع فرایند درمان و مرخصی پزشکی فرصتی برای تحولی عمیق در زندگیام پدید آورد.

آشنایی با کوچینگ

پس از جراحی زانو و استراحت چندماهه در منزل، با دورههای کوچینگ[1] و توسعهٔ فردی دکتر اناری آشنا شدم. این آشنایی برای من همچون گشودن دری به دنیایی جدید و ناشناخته بود؛ دنیایی که در آن با خود واقعیام و باورها و ترسهایم بیشتر آشنا شدم و

---

1 Coaching

فهمیـدم هـر انسـانی تواناییهـا و قـدرت درونـی خـودش را دارد؛ کافی اسـت کمـی بـا خـود مهربـان باشیـم و بـا کشـف توانمندیهایمـان رسـالتمان را در ایـن دنیـا پیـدا کنیـم. کوچینـگ مـرا بـا دنیایـی از ناشناختههـا آشـنا کـرد؛ جایـی کـه توانسـتم معنـای وجـودی خـودم، رسـالتم و ارزشهایـم را از نـو بشناسـم. بـا کمـک کوچینـگ، توانسـتم بـا نـگاهی تـازه بـه ارزشهای زندگـی خـودم بنگـرم، باورهایـم را بازنگـری کنـم، و بـا اعتمادبهنفـس و اشـتیاقی نـو بگویـم: مـن بـا افتخـار خـودم را یـک معلـم میدانـم و بـاور دارم کـه معلمـی نهتنهـا یکـی از ارزشمندتریـن و اصیلتریـن حرفههـای بشـری اسـت، بلکـه رسـالتی اسـت بنیادیـن در مسـیر سـاختن آیندهای پویـا و آگاهانـه کـه میتوانـد انسـانها را بـرای سـاختن یـک زندگـی معنـادار یـاری رسـاند. هنگامـی کـه ایـن رسـالت بـا رویکـرد کوچینـگ همـراه میشـود، آمـوزش صرفـاً بـه انتقـال دانـش محـدود نمیمانـد، بلکـه بـه فراینـدی تعاملـی، الهامبخـش و متحولکننـده بـدل میگـردد؛ فراینـدی کـه در آن، یادگیرنـده بـه عاملـی فعـال، مسـئول و هدفمنـد در مسـیر رشـد خـود تبدیـل میشـود.

نقش کوچینگ در رشد و توسعۀ فردی

در سـالهای اخیـر، نقـش کوچینـگ در بهبـود فراینـدهای آموزشـی و یادگیـری، بهویـژه در حـوزۀ آمـوزش زبـان انگلیسـی، بیـش از پیـش مـورد توجـه قـرار گرفتـه اسـت. جـان ویتمـور،[1] از پیشگامـان بینالمللـی کوچینـگ، در کتـاب مهـم خـود، **کوچینـگ بـرای عملکـرد بهتـر**[2] تأکیـد میکنـد کـه کوچینـگ میتوانـد یـک رویکـرد تحولآفریـن باشـد کـه یادگیرنـدگان زبـان را بهسـوی یادگیـری عمیـق، خودانگیختـه و پایـدار

---

1 John Whitmore
2 *Coaching for Performance*

هدایت می‌کند. کوچینگ مهارتی است که می‌تواند حلقۀ مفقوده بین شرایط موجود و وضعیت مطلوب باشد. یک کوچ حرفه‌ای با گوش دادن فعال، برقراری ارتباط مؤثر با مراجع، و پرسیدن سؤالاتی عمیق و هوشمندانه، به او کمک می‌کند تا از تمام توانایی‌های خود برای حل مسائل زندگی استفاده کند، چرا که هیچ‌کس به اندازۀ خود فرد به مسائل زندگی‌اش آگاه نیست. به عبارتی، کوچینگ یعنی شکوفا کردن توانمندی‌ها و استعدادهای فرد برای بهبود عملکرد خودش.

یکی از نکاتی که در زندگی امروز، برخی کمتر به آن توجه دارند، ضرورت **شنیده شدن واقعی** است. افراد ساعت‌ها با یکدیگر صحبت و بحث می‌کنند، اما درنهایت، بسیاری هنوز این حس را دارند که «مرا درک نکرد»، یا «انگار حواسش به من نبود». یکی از مهم‌ترین آموخته‌های من از کوچینگ، گوش دادن فعالانه به مراجع است. به قول استادم، دکتر اناری: «کوچ باید آنچه را که مراجع می‌گوید، و آنچه را که نمی‌گوید، بشنود.» نمود عملی این جمله در زندگی روزمره این است که وقتی فردی با ما صحبت می‌کند، تمام توجه و حواسمان به احساسات، زبان بدن و تمامیت فردی او باشد. اجازه دهیم با آرامش و بدون ترس از قضاوت شدن، صحبتش را کامل بیان کند. به او احساس امنیت و دیده شدن بدهیم و بلافاصله به دنبال نصیحت یا سرزنش کردن او نباشیم.

اگر هر فردی تنها همین نکات ساده را در ارتباطات روزمره‌اش با خانواده، همسر، فرزندان، دوستان یا همکاران رعایت کند، نه‌تنها استرس و فشارهای روزانه کاهش می‌یابد، بلکه فرصتی برای رشد و توسعۀ فردی و

برقـراری ارتبـاط مؤثرتـر و عمیق‌تـر بـا اطرافیـان فراهـم می‌شـود.

«خردمندی نتیجۀ یک عمر گوش دادن است؛ در زمان‌هایی که می‌توانستی حرف بزنی!»

منتسب به مارک تواین[1]

کاربرد مهارت‌های کوچینگ در آموزش و ارتباط آموزشی

«معلـم موفـق معلمـی اسـت کـه نـه فقـط بـرای صحبـت کردنـش، بلکـه بـرای سـکوتش هـم برنامه‌ریـزی می‌کنـد.»

کارل راجرز[2]

رسـالت معلـم تربیـت انسان‌هایـی اسـت کـه بـه خـود و توانایی‌هایشـان بـاور دارنـد و می‌کوشـند دنیـا را بـه جـای بهتـری بـرای زنـدگی تبدیـل کننـد. معلمـی تنهـا انتقـال دانـش یـا آمـوزش یـک مهارت نیسـت، بلکـه یـاد دادن شیـوۀ زیسـتن، تفکـر، نقـد کـردن، و داشـتن شـجاعت بـرای ایجـاد و پذیـرش تغییـرات در جهـت بهتـر زیسـتن اسـت. از لحظـۀ ورود معلـم بـه کلاس تـا لحظـۀ خـروج، فراینـد آمـوزش و یادگیـری در جریـان اسـت. رفتـار معلـم در کلاس درس، بـه‌ویـژه در مواجهـه بـا چالش‌هـا و ناکامی‌هـای دانش‌آمـوزان، می‌توانـد الگویـی تأثیرگـذار بـرای آن‌هـا باشـد. اینکـه دانش‌آمـوزان در آینـده بـا مسائـل زنـدگی خـود چگونـه برخـورد کننـد، تـا حـد زیـادی بـه تجربه‌هـا و آموخته‌هایشـان از رفتـار معلمـان در دوران تحصیـل بازمی‌گـردد.

بـا یادگیـری اصـول کوچینـگ و به‌کارگیـری صلاحیت‌هـای آن در فراینـد تدریـس، معلمـان می‌تواننـد هـم بـه رشـد شخصـی خـود و هـم بـه ارتقاء

---

1 Mark Twain
2 Carl Rogers

توانایی‌های دانش‌آموزان کمک کنند. بر این اساس، معلمی که از مهارت‌های کوچینگ بهره می‌گیرد، می‌کوشد محیطی امن و حمایتگر در کلاس ایجاد کند؛ محیطی برای یادگیری، خودآگاهی و بازنگری در قابلیت‌ها، علایق، خواسته‌ها و حتی نگرانی‌های دانش‌آموزان. این فضا می‌تواند بستری مؤثر برای شکوفایی و بهبود عملکرد آن‌ها فراهم کند و تأثیری مستقیم بر تمرکز، خلاقیت، انگیزه و موفقیت تحصیلی‌شان داشته باشد.

قضاوت نکردن؛ اولین گام معلم برای تأثیرگذاری عمیق

زنگ تفریح به پایان رسید. هنوز استکان چای در دستم بود که معاون مدرسه اعلام کرد زمان شروع کلاس بعدی است. کلاس من در طبقهٔ دوم قرار داشت. در مسیرم تا کلاس، در راه‌پله‌ها و راهروها، دانش‌آموزان هنوز در حال رفت‌وآمد و بگووبخند بودند. وقتی وارد کلاس شدم، مثل همیشه، همه‌چیز در ظاهر بی‌نظم به نظر می‌رسید. با ورود من و صدای نماینده که دانش‌آموزان را به آرامش دعوت می‌کرد، تدریجاً نظم برقرار شد. بچه‌ها سر جای خود نشستند و دفتر و کتاب‌هایشان را روی میز گذاشتند و البته، مثل همیشه عده‌ای بودند که کتاب یا دفترشان را فراموش کرده بودند.

برای لحظه‌ای به دانش آموزان نگاه کردم تا آرامش پیدا کنند. کلاسی با چهل دانش‌آموز دختر نوجوان با فرهنگ و دنیایی مختص به خودشان. درحالی‌که دفتر حضور و غیاب را باز می‌کردم، ذهنم مشغول مرور گفت‌وگوهای همکاران با مدیر مدرسه بود؛ صحبت‌هایی دربارهٔ رفتار بعضی دانش‌آموزان، نمرات پایین و نیاز به تماس با اولیا. این موضوع هر بار تکرار می‌شد. چند دقیقه‌ای که

بیـن کلاس‌هـا در دفتـر مدرسـه اسـتراحت می‌کردیـم، صـدای گله‌منـدی معلمـان از دانش‌آمـوزانی کـه در نـگاه آن‌هـا گاهـی کم‌انگیـزه یـا بی‌انضبـاط بـه نظـر می‌رسـیدند، مرتـب در گوشـم طنین‌انـداز می‌شـد. همیشـه در آن لحظـات، درحالی‌کـه منتظـر بـودم چایـم سـرد شـود و بتوانـم چنـد جرعـه بنوشـم، دوسـت داشـتم از آن فضـای پراسـترس دور شـوم. امـا در حـال حضـور و غیـاب بـه ایـن فکـر افتـادم کـه اگـر بتوانیـم بـا تأمـل و بـدون پیش‌داوری بـه دانش‌آمـوزان نـگاه کنیـم، شـاید بتوانیـم شـرایط آمـوزش در مـدارس را بهتـر و تأثیرگذارتـر کنیـم. اگـر به‌جـای برچسـب زدن و قضـاوت کـردن، از دلیـل رفتارهایشـان سـؤال کنیـم و بـا همدلـی فضایـی بـرای شـنیده شـدن و تفکـر فراهـم آوریـم، چـه تفاوتـی ایجـاد خواهـد شـد؟ هـر دانش‌آمـوزی دنیـا و شـخصیت خـاص خـودش را دارد؛ بـا رؤیاهـا و آرزوهـای منحصربه‌فـرد؛ کـه می‌خواهـد زندگـی موفـق و دلخـواه خـودش را بسـازد. انصـاف نیسـت کـه فقـط به‌دلیـل افـت نمـره و یـا رفتارهـای گاه‌به‌گاه، او را به‌سـرعت قضـاوت و یـا مقایسـه کنیـم و در چهارچـوب ذهنـی خودمـان بـرای موفقیـت در کاری قـرار دهیـم.

ایـن یکـی از درس‌هـای بـزرگ زندگـی مـن بـود کـه در سـایۀ آموختـن کوچینـگ بـه آن پـی بـردم. اگـر بـا ذهنـی بـاز و بـدون پیش‌داوری وارد کلاس می‌شـدم، می‌توانسـتم بهتـر بفهمـم و به‌جـای واکنش‌هـای سـریع، پاسـخ‌های سـازنده‌تری ارائـه دهـم. کوچینـگ بـه مـن آموخـت کـه قضـاوت نکـردن نه‌تنهـا نشـانۀ احتـرام بـه دیگـران اسـت، بلکـه نشـان‌دهندۀ بلـوغ فکـری و احساسـی خـود مـا نیـز هسـت. معلمـی کـه می‌خواهـد تأثیرگـذار باشـد، ابتـدا بایـد بیامـوزد چگونـه بـدون قضـاوت گـوش دهـد، به‌دقـت مشـاهده کنـد و سـپس راهـی بـرای تعامـل مؤثـر بیابـد.

گوش دادن فعال: پلی برای درک و اعتماد

یـک روز یـکی از دانش‌آموزانـم بـا تأخیـر وارد کلاس شـد. واکنـش اولیـه‌ام این بـود کـه مثـل همیشـه تذکـری بدهـم، امـا آن روز تصمیـم گرفتـم رویکـرد متفـاوتی را امتحـان کنـم. به‌جـای واکنـش سـریع، لبخنـدی زدم و بـا لحـنی آرام پرسیـدم: «می‌خـوای بـرام تعریـف کـنی چـرا دیـر رسیـدی؟» او ابتـدا کـمی مکـث کـرد، سـپس بـا صـدایی آرام گفـت کـه صبـح حـال مـادرش خـوب نبـوده و نـاچار شـده اسـت مـدتی کنـار او بمانـد تـا حالـش بهـتر شـود. آن لحظـه فقـط گـوش دادم؛ نـه بـرای پاسـخ دادن و نـه بـرای ارزیـابی، فقـط بـرای درک کـردن. متوجـه شـدم کـه وقـتی دانش‌آمـوز حـس کنـد شـنیده می‌شـود، فشـار زیـادی از روی دوشـش برداشـته می‌شـود. دانش‌آمـوزم نه‌تنهـا اعتمـاد بیشـتری بـه مـن پیـدا کـرد، بلکـه توانسـت بـا آرامـش دلیـل تأخیـرش را توضیـح دهـد و مسـئولیت رفتـارش را نیـز بپذیـرد.

از آن روز، بـاورم بـه قـدرت گـوش دادن فعـال[1] دوچنـدان شـد. فهمیـدم کـه گاهـی دانش‌آمـوزان، در فضـایی امـن و بـه دور از هرگونـه قضـاوت، برچسـب زدن یـا نصیحـت کـردن، فقـط نیـاز بـه شـنیده شـدن و دیـده شـدن دارنـد و ایجـاد محیطـی امـن بـرای یادگیـری چقـدر می‌توانـد بـرای دانش‌آمـوزان مؤثـر واقـع شـود. گـوش دادن فعـال یعـنی شـنیدن بـا توجـه و حضـور ذهـن؛ مهـارتی کلیـدی کـه هـر معلـم یـا مـربی آموزشـی بـرای موفقیـت حرفـه‌ای نیـاز دارد آن را در خـود پـرورش دهـد. ایـن نـوع گـوش دادن بـه معلمـان کمـک می‌کنـد تـا فضـایی مملـو از اعتمـاد، امنیـت و درک متقابـل و همکـاری دوطرفـه در کلاس ایجـاد کننـد و کلاس را تبدیـل بـه محیطـی پویـا و جـذاب نماینـد کـه در آن یادگیـری

---

1 Active Listening

واقعـی شـکل می‌گیـرد و در پایـان زمـان آموزشـی کلاس، نه‌تنهـا معلـم و دانش‌آمـوزان احسـاس خسـتگی یـا دل‌زدگـی نمی‌کننـد، بلکـه گـویی گـذر زمـان را نیـز احسـاس نکرده‌انـد؛ چـرا کـه فضـای کلاس سرشـار از تعامـل، انگیـزه و جریـان زیبـای یادگیـری اسـت. بـه قـول کوچ‌هـا نه‌تنهـا انـرژی از دسـت نمی‌دهیـم، بلکـه ازهمیـن فراینـد انـرژی هـم می‌گیریـم. اهمیـت گـوش دادن فعـال در مدرسـه فراتـر از کلمـات اسـت. ایـن مهـارت بـه دانش‌آمـوزان حـس «دیـده شـدن» می‌دهـد؛ حسـی کـه آن‌هـا را بـه تـلاش بیشـتر، اعتمادبه‌نفـس و تعلق‌خاطـر بـه کلاس تشـویق می‌کنـد. وقـتی دانش‌آمـوزان احسـاس کننـد شـنیده می‌شـوند، بیشـتر تمایـل دارنـد در فراینـد یادگیـری مشـارکت کننـد و مسئولیت رفتـار و پیشـرفت خـود را بپذیرنـد.

از جملـه راه‌هـای سـاده و مؤثـر بـرای تمریـن گـوش دادن فعـال می‌تـوان بـه برقـراری ارتبـاط چشـمی هنـگام صحبـت بـا دانش‌آمـوز، تـکان دادن سـر بـرای تأییـد، پرهیـز از قطع‌کـردن صحبـت و دادن حـس اعتمـاد بـه فـرد اشـاره کـرد. ایـن رفتارهـا پیـام واضـحی می‌فرسـتند: «مـن بـرای شـنیدن تـو اینجـا هسـتم.» در مقابـل، یـکی از مهم‌تریـن موانـع رایـج در مسیـر گـوش دادن فعـال ایـن اسـت کـه معلـم، هم‌زمـان بـا شـنیدن حرف‌هـای دانش‌آمـوز، در ذهـن خـود پیش‌داوری کـرده و پاسـخ آمـاده کنـد. ایـن کار حـس «شـنیده نشـدن» را بـه دانش‌آمـوز منتقـل کـرده و موجـب کاهـش اعتمـاد او نسـبت بـه معلـم می‌شـود. درنهایـت، یـکی دیگـر از ابزارهـای اصـلی بـرای گـوش دادن فعـال، مهـارت پرسشـگری اسـت. پرسـیدن سـؤال‌های هدفمنـد و بـاز بخشـی از فراینـد گـوش دادن عمیـق اسـت. ایـن نـوع سـؤال‌ها نه‌تنهـا باعـث شفاف‌سـازی موضـوع می‌شـوند،

بلکـه نشـان‌دهندۀ توجـه و دقـت معلـم بـه دانش‌آموزانـش هسـتند.

اسـتفادۀ معلمـان از تکنیک‌هـای کوچینـگ، ماننـد گـوش دادن فعـال و مهـارت پرسشـگری، تأثیـر مثبـت و قابل‌توجهـی بـر بهبـود یادگیـری و عملکـرد دانش‌آمـوزان دارد. گـوش دادن فعـال باعـث می‌شـود دانش‌آمـوزان احسـاس ارزشـمندی و حمایـت کننـد کـه بـه افزایـش اعتمادبه‌نفـس و انگیـزۀ یادگیـری کمـک می‌کنـد.[1] همچنیـن، پرسشـگریِ بـاز و هدفمنـد، تفکـر انتقـادی دانش‌آمـوزان را تقویـت کـرده و موجـب تعمیـق یادگیـری می‌شـود.[2] یافته‌هـای پژوهشـی نشـان می‌دهـد کـه کوچینـگ بـا تقویـت مؤلفه‌هـایی ماننـد خـودآگاهی، خودتنظیمـی و انگیـزۀ درونـی، می‌توانـد بـه بهبـود معنـادار عملکـرد تحصیلـی دانش‌آمـوزان بینجامـد.[3]

گفت‌وگوی مؤثر در کلاس درس؛ از پرسشگری تا همدلی

در کوچینـگ، پرسشـگری ابـزاری قدرتمنـد بـرای ایجـاد آگاهی، مسـئولیت‌پذیری و رشـد اسـت. پرسـش‌های بـاز و بـدون قضاوت بـه مراجـع کمـک می‌کننـد تـا نـگاه عمیق‌تـری بـه افـکار، احساسـات و انتخاب‌هـای خـود بینـدازد. امـا آیـا در کلاس درس هـم چنیـن فضایـی وجـود دارد؟ هـدف از پرسشـگری نـه امتحـان گرفتـن اسـت و نـه ارزیابـی ضعف‌هـا، بلکـه روشن‌سـازی، همـراهی و کشـف مشـترک اسـت. به‌جـای سـرزنش کـردن، پیش‌داوری و پرسـیدن سـؤالاتی مثـل «چـرا درس نخونـدی؟» یـا «چـرا تکلیفـت رو انجـام نـدادی؟»، می‌تـوان بـا سـؤالاتی

1 Rogers, C. R; Farson, R. E. (1957). *Active Listening*. University of Chicago Industrial Relations Center.

2 King, A. (1992). Facilitating elaborative learning through guided studentgenerated questioning. *Educational Psychologist*, 27(1), 111-126

3 Kraft, M; Blazar, D; Hogan, D. (2018). The Effect of Teacher Coaching on Instruction and Achievement: A Meta-Analysis of the Causal Evidence. *Review of Educational Research*, 88(4), 547–588.

مثل «چی شد که این تمرین رو انجام ندادی؟» یا «به نظرت برای حل این موضوع چه کاری می‌تونی انجام بدی؟»، گفت‌وگویی سازنده شکل داد که باعث رشد فردی و درک عمیق‌تر از موضوع شود.

پرسشگری، وقتی با گوش دادن فعال، سکوت آگاهانه و توجه به نیازهای عاطفی دانش‌آموز همراه باشد، می‌تواند کلاس درس را به فضایی برای پرورش تفکر، اعتمادبه‌نفس و یادگیری واقعی تبدیل کند. ارائهٔ بازخورد سازنده نیز به‌جای برچسب‌زنی، فرصت یادگیری را تقویت می‌کند و به دانش‌آموز نشان می‌دهد که شکست‌ها نیز بخشی از فرایند رشد هستند. در کوچینگ، ما باور داریم که پرسش درست می‌تواند در را به‌سوی بینشی تازه باز کند. همین اصل را می‌توان در کلاس درس هم پیاده کرد: معلمی که می‌پرسد، به‌موقع سکوت می‌کند، گوش می‌دهد و بازخوردی همدلانه می‌دهد، نه‌تنها دانش می‌آموزد بلکه به رشد انسان‌ها نیز کمک می‌کند.

قدرت کوچینگ در آموزش: سفری به درون برای تحول و رشد

آنچه در این فصل خواندید، نگاهی گذرا به تأثیر عمیق و تحول‌آفرین کوچینگ در آموزش بود. شاید تصور کنید مشاورهٔ تحصیلی می‌تواند جایگزین مناسبی برای کوچینگ باشد، اما کوچینگ، فراتر از یک روش آموزشی، مسیری برای کشف هویت، رسالت فردی و دستیابی به رشد پایدار است. کوچینگ شما را دعوت می‌کند تا به ژرف‌ترین لایه‌های وجود خود سفر کنید و با باورها، ترس‌ها و موانعی روبه‌رو شوید که شاید هرگز به آن‌ها نپرداخته بودید. این فرایند نه‌تنها به خودشناسی منجر می‌شود، بلکه شما را به توسعهٔ فردی و حرفه‌ای متعهد می‌کند. کوچینگ فرصتی است برای کنار زدن محدودیت‌های

ذهنی و تحقق پتانسیل‌های درونی.

در تمام سال‌های تدریسم آرزو داشتم مدارس فقط مرکز آموزش نباشند، بلکه محیطی الهام‌بخش برای یادگیری و خلق زندگی بهتر باشند. اکنون باور دارم اگر معلمان با اصول کوچینگ آشنا شوند، نه‌تنها در کلاس، بلکه در زندگی شخصی و اجتماعی‌شان نیز تحولی عمیق ایجاد می‌کنند. مهارت‌هایی چون گوش دادن فعال، پرهیز از قضاوت، پرسشگری هوشمندانه و توجه به احساسات دیگران، معلم را از یک انتقال‌دهندهٔ دانش، به همراهی آگاه و الهام‌بخش بدل می‌سازد.

کوچینگ به معلمان کمک می‌کند تا در سه بُعد کلیدی رشد کنند و تحول یابند:

- **رفتارها:** از طریق بهبود مدیریت کلاس، طراحی هدفمند درس و بهره‌گیری از شیوه‌های مؤثر تدریس.
- **باورها:** با شناسایی و بازنگری باورهایی که بر عملکرد آموزشی و تعامل با دانش‌آموزان تأثیر می‌گذارند.
- **شیوهٔ بودن[1]:** نگرش، حضور ذهن، کیفیت ارتباطی و میزان اثرگذاری معلم درفضای یاددهی-یادگیری.

با توجه به شواهد علمی، کوچینگ به‌عنوان یک راهکار توسعهٔ حرفه‌ای، نقشی کلیدی در بهبود عملکرد معلمان دارد. این فرایند با تقویت خودآگاهی، افزایش انگیزه، ارتقاء مهارت‌های تدریس و حمایت از یادگیری مداوم، به بالا بردن کیفیت آموزش و بهبود نتایج یادگیری دانش‌آموزان کمک می‌کند. کوچینگ با تمرکز بر یادگیریِ متمرکز بر رشد فردی، به معلمان کمک می‌کند تا اهداف آموزشی

1 Way of Being

خــود را شناســایی و بــرای تحقــق آن‌هــا برنامه‌ریــزی کننــد. همچنیــن بــه آن‌هــا ایــن امــکان را می‌دهــد کــه بازخوردهــای ســازنده دریافــت کننــد، به‌صــورت مــداوم عملکــرد خــود را ارزیابــی کننــد و مهارت‌هــای حــل مسئله را توسعه دهنـد.[1]

تحقیقــات گســترده نشــان داده‌انــد کــه اســتفاده از تکنیک‌هــای کوچینــگ توسـط معلمـان، به‌طـور چشـمگیری عملکـرد و یادگیـری دانش‌آمـوزان را بهبـود می‌بخشـد.[2]

کوچینــگ بــه افزایــش انگیــزه و مشــارکت فعــال دانش‌آمــوزان کمــک می‌کنــد و مهارت‌هــای مهمــی ماننــد خودتنظیمــی، تفکــر انتقــادی و مسئولیت‌پذیری در یادگیـری را تقویـت می‌کنـد. مطالعـات دیگـری نشـان داده‌انــد کــه کوچینــگ باعــث افزایــش خودکارآمــدی و هدف‌گــذاری واقعــی در دانش‌آمــوزان می‌شــود و یادگیــری را عمیق‌تــر و پایدارتــر می‌کنــد. علاوه‌بــر ایــن، کوچینــگ فضــای یادگیــری را تعاملــی و حمایتــی می‌ســازد، درنتیجــه دانش‌آمــوزان می‌تواننــد بــا اعتمادبه‌نفس بیشــتر مســیر رشــد خــود را دنبــال کننــد. ایــن یافته‌هــا همچنیــن نشــان می‌دهنــد کــه کوچینــگ نه‌تنهــا بــه بهبــود نمــرات دانش‌آمــوزان کمــک می‌کنــد، بلکــه مهارت‌هــای یادگیــری مادام‌العمــر را نیــز در آن‌هــا پــرورش می‌دهــد.

---

1   Knight, J. (2007). *Instructional Coaching: A Partnership Approach to Improving Instruction*. Corwin Press.

2   Kraft, M; Blazar, D; Hogan, D. (2018). The Effect of Teacher Coaching on Instruction and Achievement: A Meta-Analysis of the Causal Evidence. *Review of Educational Research*, 88(4), 547–588.

از معلمی
تا کوچینگ

دربارۀ نویسنده

نسرین تیموری مـدرس زبـان انگلیـسی، کـوچ حرفـه‌ای فدراسیـون بیـن‌المللـی کوچینـگ[1] و متخصـص در کوچینـگ فـردی و گـروهیِ مدرسیـن زبـان انگلیـسی اسـت. او بـا رویکـردی تحول‌آفریـن در آمـوزش و کوچینـگ، بـه معلمـان و مدرسیـن زبـان انگلیسی کمـک می‌کنـد تـا تدریـس را از یـک فعالیـت روزمـره بـه یـک تجربـۀ الهام‌بخـش تبدیـل کننـد. او معتقـد اسـت کـه ادغـام اصـول کوچینـگ بـا آمـوزش، نه‌تنهـا کیفیـت یادگیـری را ارتقـا می‌بخشـد، بلکـه بـه معلمـان ایـن قـدرت را می‌دهـد کـه بـا درک عمیق‌تـر از خـود، رسـالت واقعی‌شـان را در مسـیر تعلیـم و تربیـت کشـف کننـد. از نـگاه او، تدریـس زمانـی بـه

---

1   International Coaching Federation (ICF)

والاتریــن ســطح اثرگــذاری خــود می‌رســد کــه معلمــان، علاوه‌بــر انتقــال دانــش، الهام‌بخــش کشــف و رشــد اســتعدادها و توانمندی‌هــای نهفتــۀ فــردی در دانش‌پذیــران خــود باشــند.

نســرین بــا بیــش از دو دهــه تجربــه در تدریــس و تربیــت مدرســین، مســیر حرفــه‌ای خــود را بــا تعهــدی بی‌وقفــه بــه یادگیــری و توســعۀ فــردی طــی کــرده اســت. نقطــۀ عطــف مســیر حرفــه‌ای او، آشــنایی بــا کوچینــگ و شــکوفایی فــردی در آکادمــی دکتــر شــهاب انــاری بــوده اســت کــه دیــدگاه او را نســبت بــه آمــوزش و توانمندســازی معلمــان متحــول کــرده اســت. او هم‌اکنــون بــا همــکاری مؤسســات آموزشــی و مــدارس در جهــت برگــزاری جلســات کوچینــگ فــردی و گروهــی بــرای معلمــان، بــه آن‌هــا کمــک می‌کنــد تــا بــا افزایــش خودآگاهــی، بازبینــی در باورهــای حرفــه‌ای، و توســعۀ مهارت‌هــای ارتباطــی و آموزشــی، نقــش الهام‌بخش‌تــری در کلاس درس ایفــا کننــد.

نســرین فارغ‌التحصیــل مقطــع کارشناســی ارشــد آمــوزش زبــان انگلیســی از دانشــگاه فــردوسی مشــهد و دارنــدۀ دو مــدرک معتبــر بین‌المللــی[1] درزمینــۀ آمــوزش زبــان انگلیســی اســت. او همــواره در تــلاش اســت تــا جدیدتریــن روش‌هــای آموزشــی را بــا اصــول کوچینــگ تلفیــق کــرده و راهکارهایــی عملــی بــرای افزایــش اثربخشــی تدریــس ارائــه دهــد.

نســرین علاوه‌بــر فعالیت‌هــای آمــوزشی، بــه مطالعــه، موسیقــی، تنیــس و پیاده‌روی در طبیعــت علاقه‌منــد اســت. یادگیــری مــداوم و انتقــال دانــش بــه دیگــران بــرای او یــک رســالت اســت؛ زیــرا بــاور دارد کــه هــر معلــم

---

1 Certificates in Teaching English to Speakers of Other Languages (TESOL) and Certificate in English Language Teaching to Adults (CELTA)

می‌تواند فراتر از یک آموزش‌دهنده، منبع الهام و تحول ماندگار در زندگی دیگران باشد.

راه‌های ارتباط با نویسنده:

Nasrin Teimoori
www.nasrinteimoori.com
Teimoorinasrin
Nasrin__coaching
+۹۸ ۹۱۵ ۳۰۳ ۴۶۱۷

کوچینگ، راز پنهان رهبران موفق در دنیای کسب‌وکار

محسن خاکی

کوچینگ، راز پنهان رهبران موفق در دنیای کسب‌وکار
محسن خاکی
کوچ حرفه‌ای بین‌المللی مورد تأیید فدراسیون جهانی کوچینگ و متخَصص برندسازی

کوچینگ، کلید بازگشت قدرت

تصــور کنیــد مدیرعامــل یــک شــرکت بــزرگ و موفــق در دفتــر کار خــود نشســته اســت و بــه نمــای شــهری نــگاه می‌کنــد. او امپراتــوری بزرگــی ســاخته، امــا حس می‌کنــد چیــزی کــم اســت. بــا وجــود تمــام دســتاوردهایش، از فرســودگی ناشــی از تصمیم‌گیــری زیــاد رنــج می‌بــرد، انگیــزه‌ای بــرای نــوآوری نــدارد و ارتباطــش بــا تیم اجرایــی‌اش کم‌رنگ‌تــر می‌شــود. فشــار مســئولیت‌ها آن‌قــدر زیــاد شــده کــه تحمــل آن برایــش دشــوار شــده اســت. دیدگاه روشــنی کــه قبــلاً داشــت حــالا مبهــم شــده اســت و هــر روز برایــش تبدیــل بــه چالشــی شــده تــا ســازمان را بــه جلــو حرکــت دهــد.

یــاد یکــی از همیــن مدیرعامل‌هــا می‌افتــم. رهبــر بااســتعدادی کــه در کارنامــه‌اش موفقیت‌هــای بزرگــی داشــت، امــا از درون خســته و فرســوده بــه نظــر می‌رســید. او روبه‌رویــم نشســته بــود و در چشــمانش یــک کشــمکش عمیــق مــوج می‌زد. می‌گفــت: «احســاس می‌کنــم دیگــر هیــچ انــرژی‌ای نــدارم.» و شــقیقه‌هایش را ماســاژ می‌داد. او صرفــاً خســته نبــود، بلکــه در حــال مبــارزه بــا یــک بحــران درونــی بــود. جلســاتی کــه روزی بــا تســلط در آن‌هــا شــرکت می‌کــرد، حــالا برایــش بــه کاری روزمــره و تکــراری تبدیــل شــده بــود و بــا وجــود تمــام تلاش‌هایــش، بــه نظــر می‌رســید کــه تیمــش

از حرکـت ایسـتاده اسـت. وقتـی چالش‌هـا بیشـتر شـد، شـروع بـه بررسـی گزینه‌هـای جدی‌تـر کـرد: اسـتخدام تیـم جدیـد، مشـاوره‌های مدیریتـی بـه روش سـنتی یـا هـر چیـزی کـه شـاید تغییـر را بـه ارمغـان بیـاورد. امـا هیچ‌چیـز جـواب نـداد. ناامیـدی او بیشـتر و بیشـتر شـد و خـود را در نقطـه‌ای بحرانـی دیـد.

حـالا فـرض کنیـد همیـن رهبـر، پـس از کار بـا یـک کـوچ حرفه‌ای[1]، بـا دیـدی تـازه و اعتمادبه‌نفس بیشـتر، سـازمانش را هدایـت می‌کنـد. جلسـات اجرایـی کـه زمانـی بی‌روح و خسـته‌کننده بودنـد، حـالا بـه بحث‌هایـی پرانـرژی و تأثیرگـذار تبدیـل شـده‌اند کـه نـوآوری را تحریـک می‌کننـد و نتایـج ملمـوس بـه همـراه دارنـد. دیـدگاه او روشـن‌تر شـده اسـت و ایـن امـکان را بـه او می‌دهـد کـه ریسـک‌های جسـورانه و حسابشـده‌ای انجـام دهـد کـه موقعیـت شـرکتش را در دنیـای رقابتـی امـروز تقویـت کنـد.

ایـلان ماسـک[2] اشـاره کـرده اسـت کـه از کوچ‌هـای حرفـه‌ای و بازخوردهـای مـداوم تیمـی در تسـلا[3] و اسپیس‌اکس[4] بهـره می‌بـرد. ایـن یـک فراینـد هدفمنـد اسـت کـه بـه او کمـک می‌کنـد تمرکـز خـود را حفـظ کنـد، خسـتگی تصمیم‌گیـری را مدیریـت نمایـد و اسـتراتژی‌های فناورانـه و نوآورانـه را دنبـال کنـد.[5]

بـه یـاد می‌آورم کـه بـا یـک مدیرعامـل دیگـر کار کـرده بـودم کـه به‌دلیـل فشـار بی‌پایـان تصمیم‌گیری‌هـا و اسـترس‌های کاری، از تـوان افتـاده بـود.

---

1   Professional Coach
2   Elon Musk
3   Tesla
4   SpaceX
5   Wolner, M. (2023). *Coaching Elon Musk: Our first meeting was in space.* Medium. Retrieved from: https://medium.com.

او احساس می‌کرد در یک چرخهٔ بی‌پایان از فرسودگی حرفه‌ای گرفتار شده است. در یکی از جلسات اولیه، چهره‌اش پر از خستگی و اضطراب بود و با صدایی ناامید می‌گفت: «احساس می‌کنم غرق شده‌ام...» ما در طول شش ماه، یک برنامهٔ کوچینگ ساختارمند طراحی کردیم که بر مدیریت انرژی، تصمیم‌گیری‌های مؤثر و تقویت حضور رهبری تمرکز داشت. در پایان همکاری‌مان، او حس تازه‌ای از هدف پیدا کرده بود. جلساتش پویا و مؤثر شده بود و رهبری‌اش تحول پیدا کرده بود. هیچ‌گاه آن لحظه را فراموش نمی‌کنم که به من نگاه کرد و گفت: «حالا احساس می‌کنم رهبر شایسته‌ای برای شرکتم شده‌ام.» صدایی که قبلاً پر از تردید و شک بود، حالا پر از اعتمادبه‌نفس و وضوح شده بود.

این‌گونه تغییرات نادر نیستند. این یک فرایند قابل تکرار و قابل گسترش است که سازمان‌های زیادی در سراسر جهان از آن برای پرورش رهبران موفق بهره می‌برند. کوچینگ از یک ابزار توسعهٔ فردی ساده به یک فناوری پیشرفته تبدیل شده است که موجب رشد سازمانی، چابکی استراتژیک و نوآوری مداوم می‌شود.

چالش‌های حیاتی رهبری در سازمان‌های موفق امروزی

پیش از آنکه وارد جزئیات بیشتری دربارهٔ نقش کوچینگ به‌عنوان یک فناوری تحول‌آفرین شویم، چالش‌های اصلی‌ای را که حتی موفق‌ترین رهبران امروزی با آن‌ها مواجه هستند بررسی می‌کنیم. این مشکلات ریشه‌دار هستند، نیاز به مداخلات مستمر و راه‌حل‌های استراتژیک دارند و اگر به آن‌ها توجه نشود، سازمان‌های موفق با خطر رکود یا حتی افت روبه‌رو خواهند شد.

۱. **اضافه‌بـــار تصمیم‌گیــری**: به‌مـوازات پیشـرفت رهبـران در سـازمان، پیچیدگـی تصمیم‌هایشـان به‌طـور تصاعـدی افزایـش می‌یابـد. وقتـی میلیون‌هـا، یـا حتـی میلیاردهـا دلار در خطـر اسـت، فشـار ذهنـی می‌توانـد منجـر بـه اضافه‌بـار شـناختی و فلـج در تصمیم‌گیـری و تحلیـل شـود. مطالعـهٔ مک‌کینـزی در مـورد تصمیم‌گیـری نشـان می‌دهـد کـه رهبـران بیـش از ۷۰٪ از وقـت خـود را صـرف تصمیم‌گیـری می‌کننـد.[1] ایـن وضعیـت در صـورت کنتـرل نشـدن، می‌توانـد باعـث تصمیم‌گیری‌هـای ضعیـف شـود کـه بـر نتایـج مالـی تأثیـر منفـی می‌گذارنـد.

۲. **مقیاس‌پذیــری رهبــری**: وقتـی شـرکت‌ها گسـترش می‌یابنـد، چارچوب‌هـای رهبـری معمـولاً به‌دنبـال آن گسـترش نمی‌یابنـد و ایـن باعـث ایجـاد خلأهایـی می‌شـود کـه رشـد را مسـدود می‌کنـد. طبـق یـک نظرسـنجی در مجلـهٔ «بررسـی کسب‌وکار هـاروارد»، ۶۲٪ از مدیران ارشـد اعـلام کرده‌انـد کـه نمی‌تواننـد رشـد رهبری‌شـان را بـا رشـد سازمان‌هایشـان هماهنـگ کننـد.[2]

۳. **ایسـتایی نــوآوری**: شـرکت‌هایی کـه زمانـی بـا نـوآوری رشـد کرده‌انـد، ممکـن اسـت در صورتـی کـه رهبرانشـان نتواننـد روش‌هـای جدیـد تفکـر را بپذیرنـد، به سـکون برسـند. سـوگیری‌های شـناختی مانـع از پذیـرش دیدگاه‌هـای جدیـد

---

1 McKinsey & Company. (2021). *The new digital edge: Rethinking strategy for the postpandemic era.* Retrieved from: https://www.mckinsey. com/capabilities/mckinsey-digital/our-insights/the-new-digital-edge-rethinking-strategy-for-the-postpandemic-era

2 Birkinshaw, J; Gudka, M; Gratton, L. (2022). What leadership development should look like in the hybrid era. *Harvard Business Review.*

می‌شـود و رهبـران را از شناسـایی نوآوری‌هـای تحول‌آفریـن بازمی‌دارد. تحقیقـات گـروه مشـاورهٔ بوسـتون نشـان می‌دهد کـه ۵۵٪ از مدیـران اجرایـی به‌دلیـل دیدگاه‌هـای قدیمـی در مـورد مدل‌هـای کسب‌وکار سـنتی، قـادر بـه پذیـرش نوآوری‌هــای تحول‌آفریـن نیسـتند.[1] بـدون نـوآوری، شـرکت‌ها بـا خطـر خـارج شـدن از بازارهـای در حـال تحـول روبـه‌رو می‌شـوند.

۴. **ناهماهنگـــی ســازمانی:** یکـی از چالش‌هـای حیاتـی رهبـری، شـکاف میـان دیدگاه تیـم اجرایـی و واقعیت‌هـای عملیاتـی درون سـازمان اسـت. تحقیقـات نشـان می‌دهـد کـه تقریبـاً ۵۰٪ از کارکنـان احسـاس می‌کننـد کـه بـا اهـداف شـرکتشـان ارتبـاط برقـرار نمی‌کننـد.[2] ایـن ناهماهنگـی می‌توانـد بـه فرهنـگ سـازمانی آسـیب بزنـد و عملکـرد تیم‌هـا را تضعیـف کنـد.

۵. **تــاب‌آوری احساســی و فرســودگی شــغلی:** حتـی ماهرتریـن رهبـران نیـز ممکـن اسـت در برابـر فرسـودگی شـغلی تسـلیم شـوند. درخواسـت‌های دائمـی از رهبـران معمـولاً منجـر بـه خسـتگی، بی‌علاقگـی و کاهـش اثربخشـی می‌شـود. مطالعهٔ گالوپ نشـان می‌دهـد کـه ۷۰٪ از رهبـران بـه دلیـل اسـترس، کمبـود حمایـت عاطفـی و بـار کاری زیـاد در معـرض خطـر فرسـودگی شـغلی قـرار دارنـد.[3]

---

1   Harnoss, J; Baeza, R. (2019). Overcoming the Four Big Barriers to Innovation Success. *Boston Consulting Group (BCG)*.

2   Joly, H. (2023). How to Connect Employees to Your Company's Purpose. *Harward Business Review*.

3   Wallop, H. (2025). Don't be so hard on your boss: they've just been promoted too far. *Gallup's 2025 State of the Global Workplace report*.

چالش: چه چیزی شب‌ها شما را بیدار نگه می‌دارد؟

پیش از ادامه، یک لحظه وقت بگذارید و به چالش‌های رهبری که با آن‌ها مواجه هستید، فکر کنید:

- بزرگ‌ترین چالش رهبری که انرژی ذهنی شما را مصرف می‌کند چیست؟
- اگر فقط یک جنبه از اثربخشی رهبری خود را می‌توانستید بهبود ببخشید، آن جنبه کدام بود؟
- رهبری ناکارآمد برای سازمان شما چقدر هزینه دارد؟ (ازنظر فرصت‌های ازدست‌رفته، پتانسیل‌ها یا عملکرد)

پاسخ‌های خود را یادداشت کنید. این تأملات به شما کمک خواهند کرد تا از اینکه چگونه کوچینگ می‌تواند راه‌حل‌های عملی و مقیاس‌پذیر برای چالش‌های رایج رهبری فراهم کند، درک بهتری پیدا کنید.

از یک هنر دیرینه تا یک فناوری مبتنی‌بر علم

در گذشته، کوچینگ به‌عنوان یک فرایند شهودی و مبتنی‌بر روابط برای رشد شخصی در نظر گرفته می‌شد، اما امروزه پیشرفت‌های حوزهٔ علوم اعصاب و روان‌شناسی، کوچینگ را به یک روش‌شناسی ساختاری و مبتنی‌بر شواهد تبدیل کرده است. امروز کوچینگ تنها یک هنر نیست، بلکه یک علم است که از طریق نتایج قابل اندازه‌گیری، انعطاف‌پذیری شناختی، هوش هیجانی و اثربخشی، رهبری را تقویت می‌کند.

تحقیقات علمی درزمینهٔ اعصاب نشان می‌دهند که کوچینگ چگونه نواحی کلیدی مغز را که با تصمیم‌گیری و تنظیم هیجانات مرتبط هستند، فعال می‌کند. مطالعات تصویربرداری با تشدید مغناطیسی

عملکـردی[1] نشـان می‌دهنـد کـه هنـگام برگـزاری جلسـات کوچینـگ، فعالیـت در قشـر جلـوی پیشـانی، کـه مسـئول تفکـر اسـتراتژیک، حـل مسـئله و کنتـرل تکانه‌هـا اسـت، افزایـش می‌یابـد.[2]

تحقیقـات روان‌شـناختی نیـز ایـن یافته‌هـا را تأییـد می‌کننـد. فعالیت‌هـای کارول دوک[3] درزمینـۀ نظریـۀ ذهنیـت[4] نشـان می‌دهـد کـه کوچینـگ چگونـه باعـث تغییـر از ذهنیـت ثابـت بـه دیـدگاه رشدمحور می‌شـود و بـه رهبـران ایـن امـکان را می‌دهـد کـه چالش‌هـا را بپذیرنـد، از شکسـت‌ها بیاموزنـد و به‌طـور مسـتمر پیشـرفت کننـد.[5] علاوه‌بـر تحـول فـردی، کوچینـگ می‌توانـد باعـث موفقیت‌هـای سـازمانی قابـل اندازه‌گیـری شـود. یـک مطالعـه از شـرکت متریکس‌گلوبـال[6] نشـان داد کـه کوچینـگ اجرایـی بـا در نظـر گرفتـن عوامـلی ماننـد افزایـش بهـره‌وری و حفـظ کارکنـان، بـازده سـرمایه‌گذاری[7] معـادل ۷۸۸ درصـد داشـته اسـت.[8]

علاوه‌بـر ایـن، تحقیقـات دیگـری نشـان می‌دهنـد کـه کسب‌وکارهایی کـه کوچینـگ را در برنامه‌هـای توسـعۀ رهبـری خـود ادغـام کرده‌انـد، در دسـتیابی بـه اهـداف اسـتراتژیک خـود موفق‌تـر از کسـب‌وکارهایی هسـتند کـه فرهنـگ کوچینـگ ندارنـد.[9]

---

1 Functional Magnetic Resonance Imaging (fMRI)
2 Rock, D; Page, L. (2009). *Coaching with the Brain in Mind: Foundations for Practice*. Wiley.
3 Carol Dweck
4 Mindset Theory
5 Dweck, C. (2006). *Mindset: The New Psychology of Success*. Random House Publishing Group.
6 MetrixGlobal
7 Return Of Investment (ROI)
8 Retrieved from: https://www.american.edu/provost/ogps/executive-education/executive coaching/roi-of-executive-coaching.cfm
9 Retrieved from: https://www.worldfinance.com/strategy/leadership-development-through-coaching-a-case-study

با ترکیب دیدگاه‌های علوم اعصاب، روان‌شناسی و مدیریت کسب‌وکار، کوچینگ به یک فناوری مقیاس‌پذیر برای تحول رهبری تبدیل شده است. کوچینگ دیگر یک امتیاز خاص نیست، بلکه یک ضرورت برای سازمان‌ها در محیط‌های پیچیده و همیشه در تغییر است.

مطالعهٔ موردی[1]: مدیر ارشد فناوری که فرهنگ را از طریق کوچینگ تغییر داد

به یاد می‌آورم که زمانی با مدیر ارشد فناوری[2] یک شرکت همکاری می‌کردم که با وجود درخشش فنی و تخصصی‌اش، در هدایت مؤثر سازمانش مشکل داشت. تیم‌های او فاقد جهت‌گیری مشخصی بودند و جلسات اغلب با سردرگمی پایان می‌یافتند. او در یکی از جلسات مهم اعتراف کرد: «من می‌دانم چگونه محصولات عالی بسازم، اما نمی‌دانم چگونه تیم‌های عالی بسازم.» این اعتراف یک نقطهٔ عطف بود. ما از یک چارچوب رهبری ساختاریافته استفاده کردیم که بر گوش دادن فعالانه، مدل‌های تصمیم‌گیری و تکنیک‌های پرسشگری با تأثیر بالا تمرکز داشت و در عرض شش ماه، نتایج چشم‌گیری به دست آمد:

- مشارکت کارکنان ۳۲٪ افزایش یافت.

- کارآیی پروژه‌ها ۲۷٪ بهبود یافت و در هزینه‌های عملیاتی صرفه‌جویی چشم‌گیری صورت گرفت.

- برای تضمین تداوم رهبری در صورت تغییر مدیر، یک برنامهٔ جانشینی توسعه داده شد.

او یک روز با انرژی جدیدی وارد جلسه شد و گفت: «برای اولین بار تیم

---

1 Case Study
2 Chief Technology Officer (CTO)

مـن فقـط دسـتورات را دنبـال نمی‌کننـد؛ آن‌هـا ایده‌هـا را پـای میـز می‌آورنـد!» کوچینـگ نه‌تنهـا پتانسیـل او، بلکـه پتانسیـل تیمـش را نیـز آزاد سـاخته بود.

چارچوبی برای تحول پایدار رهبری

توسـعۀ رهبـری، به‌ویـژه در سـطح اجرایـی، نمی‌توانـد یـک رویـداد یک‌بـاره باشـد، بلکـه بایـد فراینـد مـداومی از تفکـر و تأمـل، یادگیـری و سـازگاری باشـد. به‌طـور خـاص، در شـرایطی کـه سـازمان‌ها بـا نوسـانات فزاینـده‌ای روبه‌رو هسـتند، رهبـران آن‌هـا بایـد بـرای هدایت مؤثـر ایـن چالش‌هـا تکامـل یابنـد. به‌عنوان مثـال، مـن بـا یـک معـاون ارشـد فروش همـکاری داشـتم کـه در رهبـری خـود مشـکل داشـت. هـدف او ایـن بـود کـه تیمـش را بـا اعتمادبه‌نفس بیشـتری هدایـت کنـد و نتایـج بهتـری در عملکـرد بـه دسـت آورد. از طریـق جلسـاتمان، متوجـه شـدیم کـه وابسـتگی بیـش از حـد او بـه مدیریـت خـرد، خودمختـاری و توسـعۀ تیمـش را محـدود می‌کنـد. بـا هـم گزینه‌هـای مختلفـی را بـرای توانمندسـازی تیمـش بررسـی کردیـم و درنهایـت بـه رویکـردی رسـیدیم کـه کمتـر مداخله‌جویانـه و بیشـتر نتیجه‌محـور بـود. او متعهـد شـد کـه مسئولیت‌هـای کلیـدی را واگـذار کنـد و در توسـعۀ حرفـه‌ای تیمـش سـرمایه‌گذاری کنـد. در عـرض شـش مـاه، عملکـرد فـروش تیمـش ٪۲۵ افزایـش یافـت و میـزان تـرک کار کارکنـان ٪۱۵ کاهـش یافـت. ایـن تحول تنهـا درمـورد بهبـود عملکـرد نبـود، بلکـه درمـورد ایجـاد یـک چارچوب رهبـری پایـدار بـود کـه می‌توانسـت موفقیـت بلندمـدت را هدایـت کنـد.

کوچینـگ: روشـی بـرای سـرعت بخشیـدن بـه تغییـرات مسـتمر رهبـری

رهبـری ایسـتا نیسـت و درسـت ماننـد فنـاوری، بایـد تکامـل یابـد تا بـا تغییرات

محیط کسب‌وکار هم‌گام شود. برای به‌روز نگه داشتن «نرم‌افزار» رهبری، تفکر و تأمل منظم، بازخورد و پالایش ضروری است.

تمرین: بررسی و اصلاح الگوی رهبری شما

رهبری نیز، مانند نرم‌افزار، به به‌روزرسانی منظم نیاز دارد. به سؤالات زیر فکر کنید:

- اشکال‌های سبک رهبری شما، که مانع از عملکرد بهینه‌تان می‌شوند، کجا هستند؟
- کدام‌یک از مدل‌های ذهنی قدیمی مانع از کارآمدی شما به‌عنوان یک رهبر می‌شود؟
- اگر می‌توانستید یک رهبر به‌روز باشید، این کار را چطور انجام می‌دادید؟

یک حوزه را برای **به‌روزرسانی** این هفته انتخاب کنید. یک اقدام مشخص بنویسید، سپس قدم‌هایی فوری برای پیاده‌سازی آن بردارید. پیشرفت خود را در طول زمان پیگیری کنید.

افق بعدی: کوچینگ برای آینده

پنج سال آینده چالش‌ها و فرصت‌های بیشتری را برای رهبران سازمان‌های موفق به همراه خواهد داشت. در اینجا برخی از روندهای کلیدی، که آیندهٔ رهبری را شکل خواهند داد، آورده شده است:

۱. **چابکی فوق‌العاده:** توانایی تغییر مسیر سریع در پاسخ به تحولات بازار اهمیت زیادی خواهد داشت. رهبران باید چابک و انعطاف‌پذیر باشند؛ درحالی‌که تمرکز خود را بر اهداف بلندمدت حفظ کرده‌اند.

۲. **رهبـــریِ انســان‌محور:** رهبـری از تمرکـز صـرف بـر شاخص‌های کلیــدی عملکـرد[1] بـه ســمت تمرکـز بـر مشــارکت کارکنــان و هدفمنــدی تغییـر جهت خواهـد داد و هـوش هیجانـی بـه یـک تفـاوت مهـم بیـن رهبـران موفـق و سـایر رهبـران تبدیـل خواهـد شـد.

۳. **ادغـام هـوش مصنوعـی و کوچینـگ:** در آینـدۀ نزدیـک، رهبـران بـرای تقویـت تصمیم‌گیـری به‌طـور فزاینـده‌ای بـه پلتفرم‌هــای کوچینـگ مبتنی‌بـر هـوش مصنوعـی متکـی خواهنـد بـود.

۴. **یادگیــری مـداوم:** سازمان‌هایـی کـه در توسعۀ رهبـری سـرمایه‌گذاری می‌کننـد، از همتایــان خـود پیشـی خواهنـد گرفـت. شـرکت‌هایی کـه رشـد رهبـران خـود را در اولویـت قـرار می‌دهنــد، انعطاف‌پذیرتـر خواهنـد بـود و احتمـال بیشـتری دارد کـه در برابـر ناآرامی‌هـا بـه موفقیـت برسـند.

چالش: هماهنگی چشم‌انداز پنج‌ساله

لحظـه‌ای وقـت بگذاریـد تـا بـه آینـدۀ رهبـری سـازمان خـود فکـر کنیـد. پنـج سـال دیگـر خـود و تیمتـان را کجـا خواهیـد دیـد؟

- رهبری برجسته در سازمان شما چگونه خواهد بود؟

- بـرای تحقـق آن چشـم‌انداز، چـه تغییراتـی بایـد امـروز انجـام شـود؟

- چگونـه مطمئـن می‌شـوید کـه حرکـت روبه‌رشـد در هدایـت سـازمان ادامـه پیـدا خواهـد کـرد؟

---

1 Key Performance Indicators (KPI)

ضرورت جدید برای موفقیت در رهبری

رهبـری واقعـی تنهـا در ادامـه دادن نیسـت، بلکـه در پیشـگام بـودن است. سـازمان‌هایی کـه کوچینـگ را در فرهنـگ خـود گنجانده‌انـد، تنهـا رهبـران بهتـری پرورش نمی‌دهنـد، بلکـه تیم‌هـای مقـاوم و آمـاده بـرای آینـده می‌سـازند کـه در دنیـای غیرقابـل پیش‌بینـی بـه رشـد و موفقیت می‌رسـند. کوچینـگ عاملـی اسـت کـه چالش‌هـا را بـه فرصت، عـدم قطعیـت را بـه وضـوح و رهبـران را بـه تغییردهنـدگان بـازی تبدیل می‌کنـد.

سـؤال اصلـی ایـن نیسـت کـه آیـا کوچینـگ ضـروری اسـت یـا خیـر؛ سـؤال اصلـی ایـن اسـت کـه آیـا شـما آماده‌ایـد رهبـری خـود را ارتقـاء دهیـد، از پتانسیل‌هـای خـود کامـلاً اسـتفاده کنیـد و آینـده را شـکل دهیـد؟ آیـا آماده‌ایـد کـه گامی بـزرگ بردارید؟

تمریـن: کاوش در هویـت رهبـری شـما و تدویـن برنامـهٔ اقـدام تحول‌آفریـن

۱.   تعمق دربارهٔ چالش‌های رهبری

با استفاده از سؤالات زیر، درمورد مسیر رهبری خود تأمل کنید:

- کدام چالش رهبری بیشترین انرژی ذهنی را از شما می‌گیرد؟ این چالش چه احساساتی در شما ایجاد می‌کند؟

- آخریـن بـار چـه زمانـی در نقـش رهبـری خـود واقعاً احسـاس انرژی و انگیـزه کردیـد؟ چـه رفتارهـا یا اقداماتـی از شـما سـر می‌زد کـه احسـاس می‌کردیـد بهتریـن نسـخهٔ خود هسـتید؟

- چـه فرضیـات یـا باورهایـی دربـارهٔ رهبـری داریـد کـه ممکن اسـت در رشـد شـما محدودیت ایجـاد کند؟

۲. چالـش تفکـر انتقـادی: بـر هــم زدن رویکـرد فعلـی رهبـری شــما

حـالا کـه بـه وضعیـت فعلـی رهبـری خـود فکـر کردیـد، وقـت آن اسـت کـه تفکرتـان را بـه چالـش بکشـید.

- یـک **وضعیـت موجــود** در رهبـری شــما کـه نیـاز دارد بـرای پیشـرفت شــما تغییـر کنـد، چیسـت؟ ایـن وضعیـت می‌توانـد مربـوط بـه تصمیم‌گیـری، تـاب‌آوری عاطفـی یـا نـوآوری باشـد.

- تصـور کنیـد در حـال کـوچ کـردن خـود به‌عنـوان یـک رهبـرِ بـا عملکـرد موفـق هسـتید. چـه سـؤالاتی می‌پرسـید تـا چشـم‌اندازهای جدیـدی ایجـاد کنیـد؟

۳. برنامهٔ اقدام: حرکت از بینش به اجرا

آخریـن گام، تدویـن یـک برنامـهٔ اقـدام ملمـوس اسـت کـه بازتـاب بینش‌هـای کسب‌شـده از ایـن تمریـن باشـد.

- یـک بینـش از بخش‌هـای قبلـی را انتخـاب کنیـد کـه فکـر می‌کنیـد بیشــترین تأثیـر را بـر کارآمـدی رهبـری شــما خواهـد گذاشـت.

- چـه تغییـری را می‌توانیـد بلافاصلـه ایجـاد کنیـد کـه شـروع بـه تغییـر رویکـرد رهبـری شـما کنـد؟ ایـن می‌توانـد تغییـر در ذهنیـت، عـادت جدیـد یـا تغییـر رفتـار باشـد.

- اقداماتـی خـاص و قابـل اندازه‌گیـری بـرای اجـرای ایـن تغییـر در ۳۰ روز آینـده تعریـف کنیـد.

- چگونـه پیشـرفت خـود را پیگیـری می‌کنیـد و مسئولیت‌پذیر خواهیـد مانـد؟

۴. کوچینگ برای لحظات آها[1] و تکامل مداوم

نکتهٔ کلیدی در بهبود مداوم فرایند رهبری، تفکر منظم است. برای اطمینان از اینکه همچنان در حال تکامل هستید، یکی از روش‌های زیر را در پیش بگیرید:

- یک حلقهٔ بازخورد ایجاد کنید: جلسات منظم با یک کوچ یا مشاور ترتیب دهید تا بتوانید رشد خود را در طول زمان پیگیری کنید.
- یادگیری را جدی بگیرید: در شش ماه آینده با یک کتاب، دوره یا سمینار درزمینهٔ توسعهٔ رهبری مشغول شوید تا مهارت‌های رهبری خود را گسترش دهید.

۵. رهبری برای شما در پنج سال آینده چگونه خواهد بود؟

از بینش‌های این فصل و برنامهٔ اقدام خود برای ترسیم تصویری از جایگاهتان به‌عنوان رهبر در پنج سال آینده استفاده کنید.

---

۱ لحظهٔ «آها» (Aha moment) نقطه‌ای است که یک مفهوم پیچیده یا مبهم، ناگهان ساده و شفاف می‌شود. لحظهٔ «آها» زمانی است که کاربر برای اولین بار عمیقاً متوجه می‌شود که محصول شما چگونه می‌تواند یک نیاز، مشکل یا چالش را حل کند.

کوچینگ، راز پنهان رهبران موفق در دنیای کسب‌وکار

دربارهٔ نویسنده

محسـن خـاکی نویسنده، کوچ حرفه‌ای بین‌المللی مـورد تأییـد فدراسیـون بین‌المللـی کوچینـگ[1] و متخصـص برندینـگ اسـت. او مسیـر حرفـه‌ای‌اش را در هجده‌سالگی بـا تدریـس زبان انگلیسـی آغـاز کـرد. تغییـرات او در ایـن مسیـر از همـان سـال‌های ابتـدایی رخ داد؛ زمـانی کـه تصمیـم گرفـت پـس از فارغ‌التحصیلـی از دانشـگاه در رشـتهٔ مهنـدسی مکانیـک، بـه رشـتهٔ آمـوزش زبـان انگلیسـی روی بیـاورد.

شکسـت در آغـاز مسیـر کارآفرینـی، محسـن را بـه دیدگاهـی عمیـق نسـبت بـه چالش‌هـا و فرصت‌هـا بـرای تقویـت برنـدش رهنمـون سـاخت. اکنـون، بـا بیـش از دو دهـه سـابقهٔ تدریـس و مشـاورهٔ زبان و بـا برگـزاری

---

1 International Coaching Federation (ICF)

هـزاران کارگاه موفـق، او بـه نـامی شناخته‌شـده در آمـادگی آزمون‌هـای بین‌المللـی، مخصوصاً آیلتـس[1]، تبدیـل شـده اسـت.

تغییـر مسیـر حرفـه‌ای محسـن، میـل بـه ارزش‌آفرینـی بیشتـر را در او تقویـت کـرد و او را بـه سـمت فراگیـری علـوم مدیریـت کسب‌وکار، بازاریابـی و فـروش، برندینـگ، روان‌شناسی و نیـز گذرانـدن دوره‌هـای تخصصـی بین‌المللـی کوچینـگ هدایـت کـرد؛ جایـی کـه توانسـت مهارت‌هـای خـود را در توسعۀ کسب‌وکار و نیـز رشـد فـردی بـه کار گیـرد. او اکنـون به‌عنـوان یـک کـوچ حرفـه‌ای موفـق در سـطح اول جهانـی فعالیـت می‌کنـد و بـا تکیـه بـر تجربـۀ برگـزاری هـزاران سـاعت کوچینـگ تخصصـی و صدهـا مراجـع در عرصۀ بین‌المللـی، بـه صاحبـان کسب‌وکار، رهبـران و مدیـران سازمان‌هـا در ایجـاد چارچـوب رهبـری پایـدار و برنامـۀ اقـدام تحول‌آفریـن، چابکـی اسـتراتژیک، ذهنیـت رشـد و فرهنـگ نـوآوری در کسب‌وکار و افزایـش بهـره‌وری تیم‌هـا کمـک می‌کنـد.

محسـن همچنیـن برنامه‌هـا و کارگاه‌هـای متعـددی را بـا هـدف شناسـایی و پـرورش اسـتعدادهای فـردی و حرفـه‌ای افـراد طراحـی و اجـرا کـرده اسـت. او از ایـن طریـق بـه افـراد، ازجملـه کارکنـان سازمان‌هـا، کمـک می‌کنـد تـا بـا شناسـایی نقـاط قـوت خـود، بتواننـد مسیـر شـخصی و شـغلی خـود را بـه بهتریـن شـکل ممکـن پیـش ببرنـد.

محسـن مشـتاق یادگیـری و مطالعـه اسـت و علاقـۀ زیـادی بـه ورزش، سـفر و موسیقـی دارد.

---

1 International English Language Testing System (IELTS)

راه‌های ارتباط با نویسنده:

حوزهٔ کوچینگ:

www.mohsenkhakicoaching.com
mohsenkhakicoaching@yahoo.com
mohsenkhakicoaching

حوزهٔ آیلتس:

www.mohsenkhaki-ielts.com
ieltskhaki@gmail.com
IELTS Khaki

آرزوهای بزرگ

راهنمای سفر درون

دکتر فریناز راشدمرندی

آرزوهای بزرگ

راهنمای سفر درون

دکتر فریناز راشدمرندی

پزشک پاتولوژیست، کوچ سلامت و مشاور کسب‌وکار

معتقدم آرزوهای ما خالق چشم‌اندازهای دوردست زندگی ما هستند؛ چشم‌اندازهایی که بعدها خود را برای ما آشکار خواهند کرد.

نتایج امتحانات تحصیلات تکمیلی اعلام شد و من در رشتهٔ پاتولوژی دانشگاه تهران قبول شدم. آرزویی از قلبم گذشت و آن این بود که هرگز گزارش نادرستی به بیماری ندهم. تصورم بر این است که این آرزو مرا در مسیری قرار داد که ضمن تمرکز بر حوزهٔ تخصصی خودم در رشتهٔ پزشکی، بر توانمندسازی‌ام در راه‌اندازی و هدایت کسب‌وکارهای بعدی نیز مؤثر بود.

چطور این اتفاق افتاد؟

در سالن کنفرانس بیمارستان سینا، به‌سختی جایی برای نشستن پیدا کردم. سخنران، خانم جوانی[1] بود در حال تدریس کنترل کیفیت در آزمایشگاه بیوشیمی. تسلط عمیقش بر مباحث بیوشیمی برایم رشک‌برانگیز بود.

حقیقت اینکه در آن زمان موضوع سیستم‌های جامع کیفیت در برنامهٔ آموزشی[2] دانشجویان و رزیدنت‌ها باب نبود و من، به‌عنوان یک دانشجوی دورهٔ تخصص، مطلبی در این باره نشنیده بودم. در همان

---

۱ خانم زهرا خاتمی (بیوشیمیست)

2 Curriculum

یک ساعتی کـه در سـالن کنفرانس بـودم، متوجـه حضـور جغرافیـای دیگـری در حـوزهٔ دانـش شـدم کـه برایـم دور از دسـترس بـود. دلـم می‌خواست می‌توانستم دقایقی بـا آن خانـم، کـه شـنیدم از کارشناسان برجسـتهٔ آزمایشـگاه رفرانـس اسـت، هم‌صحبـت شـوم.

بـه نظـرم می‌رسـید اینکـه کار تشـخیص بـه انجـام برسـد، ولی راهی داشـته باشـی کـه قبـل از انجـام آن، حیـن انجامـش، و همین‌طـور پـس از اجـرا، کنتـرل آن را در دسـت بگیـری فوق‌العـاده اسـت. ایـن آگاهی حـس تـازه‌ای از قـدرت ایجـاد تغییـر بـه مـن می‌داد کـه بعدهـا خیلـی بـه کمکـم آمـد و توانسـت بخشـی از آرزوی مـن در ارائـهٔ خدمـات عالـی بـه بیمـاران را محقـق کنـد. اینکـه می‌تـوانی کار را بـه انجـام برسـانی و هم‌زمـان از کیفیـت بـه انجـام رسیدنـش اطمینـان داشـته باشـی، برایـم در آن زمـان یـک نگـرش جدیـد و هیجان‌انگیـز بـود.

حدود یک سال بعد اتفاق عجیبی رخ داد.

دوران رزیدنتـی بـه اتمـام رسـید و مـن فارغ‌التحصیـل شـدم. بـرای انجـام تعهـدات لازم بـود دو سـال در هـر منطقـه‌ای کـه وزارت بهداشـت بـرای مـن تعییـن می‌کـرد، به‌عنـوان پزشـک متخصـص پاتولـوژی خدمـت می‌کـردم.

روز تقسـیم در واحـد منابـع انسـانی وزارت بهداشـت غلغلـه بـود. متخصصین هم‌رشـتهٔ مـن در راهروهـا بـا نگرانـی مشـغول صحبـت بـا یکدیگـر بودنـد. قـرار بـود سرنوشـت حداقـل دو سـال آینـدهٔ آن‌هـا در ایـن نیـم روز مقـدر شـود. نوبـت مـن هـم رسـید. میزهـای متعـددی در سـالنی بـزرگ چیـده شـده بـود و پشـت هـر میـز، نماینـدگانی از مراکـز مختلـف کـه نیـاز بـه پاتولـوژیسـت داشـتند مشـغول صحبـت بـا مراجعیـن بودنـد. به‌طـور تصادفـی کنـار یکـی از میزهـا ایسـتادم و خـودم را بـه شـخصی کـه بـه

نظر می‌رسید مسئولیت یکی از مراکز به عهدهٔ اوست معرفی کردم. ایشان با خوش‌رویی شروع به صحبت با من کردند: دکتر محمد عباسی، رئیس آزمایشگاه رفرانس.

آزمایشگاه رفرانس؟ برای من بیشتر یک رؤیا بود تا واقعیت.

آزمایشگاه رفرانس

آنچه امروز به‌عنوان کیفیت در آزمایشگاه‌های تشخیص طبی کشور شاهدیم، با آنچه در اوایل دههٔ ۸۰ شمسی وجود داشت تفاوتی از زمین تا آسمان دارد. رفرانس سال‌ها قبل از ورود ما به آن نیز به‌عنوان یک نهاد علمی و فنی[1] در حوزهٔ کنترل کیفی شناخته شده بود. بااین‌حال، در آن زمان اکثر آزمایشگاه‌ها هنوز از روش‌های دستی و بعضاً منسوخ‌شده استفاده می‌کردند و استناد به روش‌های استاندارد معمول نبود.

اوایل کارم در رفرانس بود که کتابی سبزرنگ با عنوان تضمین کیفیت به دستم رسید. محتوای آن کتاب چنان برایم جذاب می‌نمود که برای لحظه‌ای هم از دستم نمی‌افتاد. خاطرم هست روزی رانندهٔ حواس‌پرتی در خیابان دماوند به ماشین من کوبید و من در فواصل رسیدگی مأمور پلیس به حادثه و انجام امور بیمه، همچنان مشغول خواندن این کتاب بودم.

این کتاب شرح دقیقی می‌داد از آنچه به‌عنوان تفکر فرایندمحور می‌شناسیم: اینکه مراحل مختلف کار شناسایی شوند، مسیر به‌دقت ترسیم شود، مسئولیت اعضای تیم مشخص گردد و برنامه‌ریزی شود که در زمان رخداد یک اشتباه باید چطور آن را ریشه‌یابی کرد و مانع

---

1 Technical

تکرارش شد. خلاصهٔ این کتاب را با شوق و حرارت بسیار برای یکی از همکارانم در آزمایشگاه رفرانس شرح دادم. در سکوت عمیقی فرو رفت، آهی کشید و گفت: «امیدوارم بتوانیم محققش کنیم.» سرانجام، ما، تیمی متشکل از متخصصین تازه فارغ‌التحصیل، خیلی زود حول دیدگاه جدید مدیریت جامع کیفیت سازمان‌دهی شدیم و به حرکت درآمدیم. آنچه در آن سال‌ها در آزمایشگاه رفرانس شکل گرفت و به‌تدریج بالنده شد و بعدها الگوی مشابه آن در تمام دانشگاه‌های علوم پزشکی کشور اجرا شد، یک رخداد معمولی نبود؛ یک تحول عمیق و بنیادین در ساختار و عملکرد آزمایشگاهی ایران بود.

آزمایشگاه رفرانس که کمی بعد، در ادغام با ادارهٔ امور آزمایشگاه‌های وزارت بهداشت، با نام آزمایشگاه مرجع سلامت به فعالیت خود ادامه داد، به‌عنوان نهادی پیشرو در حوزهٔ آزمایشگاهی وزارت بهداشت نقش کلیدی در آموزش و توانمندسازی متخصصین، کارشناسان و مسئولان فنی ایفا کرد و برای اولین بار باعث نظارت متمرکز علمی بر عملکرد آزمایشگاهی شد.

آموزش فراموش‌نشدنی

من به‌عنوان استادیار و پژوهشگر در بخش میکروب‌شناسی آزمایشگاه رفرانس در حالی مشغول به کار شدم که مسئولیت آموزش مربیان و کارشناسان دانشگاه‌های علوم پزشکی کشور نیز به عهدهٔ من گذاشته شده بود.

هرگز چهرهٔ آفتاب‌سوخته و برق نگاه یکی از دانش‌پذیران فلات قاره را فراموش نمی‌کنم که بعد از برگزاری کارگاه آموزشی دوهفته‌ای برای کارکنان شرکت نفت در آزمایشگاه رفرانس نزد من آمد و با

نگاهی حاکی از قدردانی گفت: «ما در دورترین نقاط مرزی در جزایر خلیج فارس کار می‌کنیم. هیچ‌کس تابه‌حال به فکر ما نبوده است. شما امکان آموختن عمیق‌ترین مفاهیم تضمین کیفیت را برای ما فراهم کردید و ما از این پس نتایج صحیح‌تر و دقیق‌تری به بیمارانمان ارائه خواهیم داد.»

دیدار با استاد

پله‌های ساختمان اصلی وزارت بهداشت را به‌سرعت دوتا یکی کردم و خودم را به طبقهٔ دوم رساندم. وارد دفتر کار آقای دکتر شادپور[1] شدم؛ پیرمردی کوتاه‌قامت با لبخندی گرم و صمیمی. دلیل آمدنم را پرسید.

آن روزها هرچه در توان داشتم انجام می‌دادم و به هر دری می‌زدم تا پروژهٔ آموزش از راه دور کارکنان آزمایشگاه‌های کشور به اجرا دربیاید. استاد به‌دقت به صحبت های من گوش کرد، از دیدن اشتیاق من برای انجام این کار به وجد آمد و گفت: «دخترم، کاری طاقت‌فرسا در پیش داری. اگر عزم این کار را داری، بدان کاری بزرگ است که نیاز به صبر و مداومت دارد. می‌توانستی این مسیر را انتخاب نکنی و به مسیر معمول شغل خودت بپردازی، اما تو این راه را انتخاب کردی و عدهٔ زیادی از دانش‌پذیران را با خود همراه خواهی کرد. بذری است که خواهی کاشت و در آینده با خود فکر می‌کنی این‌ها نهال‌هایی است که من کاشته‌ام!»

---

۱ دکتر کامل شادپور، پدر شبکهٔ بهداشت اولیهٔ ایران، متولد ۱۳۱۶ در رشت، یکی از پیشگامان و بنیان‌گذاران ساختار شبکهٔ مراقبت‌های اولیه بهداشتی از پیش از انقلاب تا اواخر دههٔ ۷۰ بوده‌اند. شرح فعالیت درخشان ایشان در حوزهٔ پزشکی پیشگیری، گسترش خدمات روستایی، طراحی و توسعهٔ شبکه‌های بهداشت و درمان در تاریخ سلامت کشور ماندگار است.

با وجـود حـدود یـک سـال تـلاش و پیگیـری مـن، آمـوزش از راه دور در آن ایـام، یعنـی در سـال ۱۳۸۶، بـه دلیـل فراهـم نبـودن زیرسـاخت‌های اینترنتـی مناسـب امکان‌پذیـر نشـد، امـا مـن و همـکاران پرتلاشـم در آزمایشـگاه رفرانـس مصمـم بودیـم کیفیـت خدمـات آزمایشـگاهی را در سـطح کشـور از مسیـر آمـوزش، استانداردسـازی و بهینه‌کاوی[1] بـه سـطح بالاتـری برسانیـم.

نتیجـهٔ آشـنایی بـا ایـن تفکـر، آغـاز تغییـراتی بنیادیـن در نـوع نـگاه مـن بـه کار، افزایـش مسئولیت‌پذیـری خـودم و کاهـش سخت‌گیـری نسـبت بـه همکارانـم بـود کـه حتـی شـاید کمـی وسواس‌گونه بـه نظـر برسـد. حـالا معتقـدم انسـان‌ها در شـغل خـود، اگـر دقیقـاً و به‌طـور شـفاف بداننـد کـه چـه بایـد انجـام بدهنـد، به‌طـور طبیعـی علاقه‌مندنـد کـه کار را بـه انجـام برسـانند؛ پـس اگـر ایـن اتفـاق نمی‌افتـد، یـا در جایـگاه اشـتباهی قـرار گرفته‌انـد و یـا انتظـارات مـا بـرای آن‌هـا روشـن نیسـت.

همکار مشکل

هنـوز چیزهـای زیـادی بـرای آموختـن باقـی مانـده بـود. در اوایـل دورهٔ طـرح، اطلاعیه‌ای در مـورد برگـزاری کارگاه آموزشـی برنامه‌ریـزی عصبـی-کلامی[2] توسـط دکتـر عیسـی جلالـی از سـازمان نظـام پزشـکی دریافـت کـردم. مـن و همسـرم هـر دو بـا هـم در ایـن کارگاه ده‌جلسـه‌ای شـرکت کردیـم. آن روزهـا در محیـط کار در آزمایشـگاه رفرانـس همـکاری داشـتم بـا رفتـاری بسیـار آزاردهنـده کـه ذهـن مـرا مشغـول کـرده بـود و بـه هیـچ روشـی نمی‌توانسـتم خـودم را از شـر او خـلاص کنـم. نـه راه فـرار داشـتم و

---

1 Benchmarking
2 Neuro Linguistic Programming (NLP)

نه می‌دانستم کـه چطـور بایـد ایـن مشـکل را حـل کنـم. خاطـرم هسـت در یکـی از جلسـات از دکتـر جلالـی پرسیـدم: «آقـای دکتـر، بـا همکـار مشـکل در محیـط کار بایـد چطـور رفتـار کنیـم؟» نگاهـی بـه مـن کـرد و گفـت: «حضـور ایـن افـراد در کنارمـان شـاید بـرای ایـن اسـت کـه مـا را از لـوس بـودن دربیـاورد!» صحبـت ایشـان مـرا بـه فکـر فـرو بـرد و بسـیار بـه دلـم نشسـت. می‌دانـم کـه در تمـام ایـن ۲۰ سـالِ گذشـته، صحبـت عیسـی جلالـی را فرامـوش نکرده‌ام. ایـن نقطـهٔ چرخـش مـن بـود از نقـش قربانـی بـه موقعیـت انسـانی کـه به‌تدریـج مسئولیت خـود را می‌پذیرفت.

نجات جوان ورزشکار

یکـی از وظایـف مهـم مـا در دپارتمـان میکروب‌شناسـی رفرانـس، تشـخیص عوامـل میکروبـی‌ای بـود کـه امـکان شناسـایی آن‌هـا در مراکـز دانشـگاهی وجود نداشـت.

روز اولـی کـه وارد آزمایشـگاه میکروب‌شناسـی رفرانـس شـدم، گشـتی در اتـاق کار زدم و متوجـه محفظـهٔ آزمایـش[1] بی‌هـوازی شـدم کـه سـازمان بهداشـت جهانـی بـه رفرانـس هدیـه کـرده بـود و تـا آن روز راه‌انـدازی نشـده بـود. باکتری‌هـای بی‌هـوازی در ایـران تـا آن زمـان فقـط در معـدودی از آزمایشـگاه‌ها و آن هـم در ظـروف کوچکـی بـه نـام جـار بی‌هـوازی[2] کشـت می‌شـدند و عمومـاً به‌سـختی مـورد شناسـایی قـرار می‌گرفتنـد و تسـت‌های تعییـن حساسـیت آنتی‌بیوتیکـی نیـز برایشـان انجـام نمی‌گرفـت. روش‌هـا اسـتاندارد نبـود و در صـورت ظـن بـه عفونـت بی‌هـوازی در یـک بیمـار، درمـان آنتی‌بیوتیکـی به‌صـورت تجربـی و بـدون

---

1 Work Station
2 Anaerobic Jar

تأیید آزمایشگاهی[1] انجـام می‌شـد.

مـن دسـتگاه را راه‌انـدازی کـردم و مدت‌هـا روی روش‌هـای تشـخیص و آنتی‌بیوگـرام ایـن باکتری‌هـا مطالعـه و فعالیـت کـردم. یـک روز از بیمارسـتان شـهید رجایـی بـا مـن تمـاس گرفتنـد و درخواسـت کردنـد نمونـهٔ آبسـهٔ ران مـرد جـوان ورزشـکاری را کـه بـه هیـچ درمانـی پاسـخ نمی‌داد برایـم بفرسـتند. بـا دریافـت نمونـه، کار بلافاصلـه آغـاز شـد. باکتـری از نـوع بی‌هـوازی بـود و آنتی‌بیوتیک‌هـای مناسـب بـا آن انتخـاب و بـه پزشـک اعـلام شـد. سـه روز بعـد، پزشـک مربوطـه بـا مـن تمـاس گرفـت و بـا لحنـی صمیمانـه تشـکر کـرد و گفـت بیمـار بـا تشـخیص درسـت و تجویـز آنتی‌بیوتیک‌هـای توصیه‌شـده توسـط رفرانـس، به‌طـور کامـل بهبـود یافتـه اسـت.

جادوی کتاب

خانـهٔ مـا کمدهـای دیـواری جـادار و بزرگـی داشـت کـه به‌عنـوان کتابخانـه از آن‌هـا اسـتفاده می‌شـد و مملـو از کتاب‌هـای پـدر بودنـد. انـواع کتاب‌هـا از رمـان، فلسـفه، فیزیـک، شـیمی و هنـر در بینشـان پیـدا می‌شـد. ایـن فضـا بـرای مـن حکـم باغچـه‌ای پـر از گل و بوتـه را داشـت کـه می‌توانسـتم سـاعت‌ها در میـان آن غوطـه‌ور شـوم. بـا اینکـه جزئیـات همـهٔ آن خواندنی‌هـا ممکـن اسـت بـه یـادم نمانـده باشـد، یقیـن دارم از آن کتاب‌هـا چیـزی در مـن باقـی مانـده اسـت کـه در مواجهـه بـا موقعیت‌هـای ناشـناختهٔ هسـتی، بـه مـن حسـی از آشـنایی می‌دهـد.

صلح درون

۱۶ یـا ۱۷ سـاله بـودم کـه در یکـی از مجـلات پـدر، شـعری دیـدم از ویلیـام

---

1 Empirical Treatment

بلیک[1]، شاعر بریتانیایی. آن موقع حس کردم با یک مفهوم شگرف روبه‌رو هستم، ولی قادر به درک آن نبودم. تا اینکه در خنکای یک عصر دلپذیر بهاری، در حال عبور از کنار پارک لویزان بودم که برای لحظاتی سرعت اتومبیل را کم کردم و وارد پارک جنگلی شدم. فضای باران‌زده و خیس پارک مرا به سمت خود کشید و به کنار درختان سرو برد. ایستادم و به قطرات لرزان باران که از شاخه‌های سرو آویزان بودند خیره شدم. انعکاس منظرهٔ جنگل در قطرات دیده می‌شد. حس و حال عجیبی بود. لحظه‌ای از زمان و مکان جدا شدم. به خودم گفتم: «اگر این لحظه دنیا را ترک کنم، قطعاً وارد بهشت خواهم شد.» اما صدای دیگری در گوشم گفت: «تو هم‌اکنون هم در بهشت هستی!»

پرده‌ای که روی مفهوم شعر شگفت‌انگیز بلیک کشیده شده بود، از مقابل دیدگانم کنار رفت:

«جهانی را در دانه‌ای شن ببین
و بهشتی را در گلی وحشی،
بی‌نهایت را در کف دستت نگه دار
و جاودانگی را در یک لحظه.»

رند خلوت‌نشین

در تالار رودکی نشسته بودم و با افکاری مغشوش و خشمی پنهان از اینکه چرا از عهدهٔ زبان گزنده و اقدامات آزاردهندهٔ دوستی برنمی‌آیم، انتظار شروع نمایش «رند خلوت‌نشین» اثر پری صابری را می‌کشیدم.

---
1 William Blake

پـرده کنـار رفت و حافـظ همـراه شـاخه‌نبات در بهشـت ظاهـر شـد. ابلیـس از همـان ابتـدا در صحنـه حضـور پیـدا کـرد و بـا وسوسـه کـردن شـاعر، مسیـر سـقوط آغـاز شـد. در نقطـه‌ای حسـاس، ابلیـس خواسـت حافـظ را تسـلیم کنـد، امـا حافـظ در برابـر حضـور و محبـت بی‌قیدوشـرط شـاخه‌نبات دریافـت کـه عشـق او را نجـات خواهـد داد.

پـری صابـری در قلـب و روح مـن طوفـان بـه پـا کـرد. هیـچ اثـری از آن‌همـه ناراحتـی در مـن بـاقی نمانـده بـود. بـا تمـام وجـود مسـئولیت خـودم را پذیرفتـم. مـن در مواجهـه بـا دیگـران چگونـه‌ام؟ آیـا بـه حـد کافـی صبـور، خویشـتن‌دار و خیرخـواه هسـتم؟

رشتهٔ فضانوردی

زمانـی کـه دانش‌آمـوز دبیرسـتان بـودم، علاقـهٔ زیـادی بـه درس فیزیـک داشـتم. سرگذشـت فضانـوردان روس، خصوصـاً یـوری گاگاریـن[1] و والنتینا ترشـکوا[2] را می‌خوانـدم و آرزو می‌کـردم یـک روز فضانـورد شـوم. روزی یکـی از دوسـتان خانـوادگی از مـن پرسـید کـه در چـه رشـته‌ای می‌خواهـم ادامـه تحصیـل بدهـم و مـن بـا اطمینـان جـواب دادم کـه رشـتهٔ ریاضـی. او در پاسـخ گفـت کـه کشـور مـا در حـال جنـگ اسـت و نیـاز بـه پزشـک دارد. بایـد اقـرار کنـم کـه حرفـش روی مـن اثـر گذاشـت.

از طـرف دیگـر، پـدرم بسـیار علاقه‌منـد بـود کـه مـن در رشـتهٔ شیمـی تحصیـل کنـم تـا بتوانـم وارد حـوزهٔ کاری او شـوم. از دوران نوجـوانی، هـر روز پـدرم مسـائل پیچیـدهٔ کاری را بـا مـن مطـرح می‌کـرد و مـن بـا اینکـه از پیچیدگی‌هـای فنـی کار او هیـچ سـر درنمی‌آوردم، بـا علاقـه گـوش می‌کـردم

---

1 Yuri Gagarin
2 Valentina Tereshkova

و گاه یادداشت برمی‌داشتم. صحبت‌هایش آن‌قدر دلنشین بود که متوجه گذر زمان نمی‌شدم. آنچه مرا مجذوب صحبت‌های او می‌کرد، خلاقیت عجیب‌وغریبش در ساخت محصولات جدید و ظرافت، نگاه و دغدغه‌های انسانی‌اش در ارتباط با کارکنان و حتی رقبایش بود.

سرانجام من وارد رشتهٔ پزشکی دانشگاه علوم پزشکی تبریز شدم. ارتباط من و پدرم روزبه‌روز عمیق‌تر می‌شد و درعین‌حال کم‌کم فکری نگران‌کننده در ذهنم پدید می‌آمد: پس از پدر، کسب‌وکارش، که در حوزهٔ صنعت شیمی بود، چگونه اداره خواهد شد؟

پیام پدر

زنگ در خانهٔ قدیمی‌مان به صدا درآمد. به‌سرعت خودم را به زیر آلاچیق رساندم و در را باز کردم. پدر بود؛ با قامتی رسا. مرا بغل کرد و با لحن آرام و مقتدر همیشگی به من گفت: «فریناز، کار مرا ادامه بده.» درحالی‌که خیس عرق شده بودم از خواب بیدار شدم. این پیام مهمی بود برای من، از طرف پدرم که به‌تازگی درگذشته بود.

بدون شک ورود من به عرصهٔ صنعت، به‌عنوان مدیری جوان و تازه‌کار که به حرفهٔ پزشکی هم اشتغال داشت، برایم چالش‌های زیادی به همراه داشت. اوایل گاهی واقعاً احساس ناامیدی، خستگی و حتی بی‌انگیزگی می‌کردم. تا اینکه تصمیم گرفتم علی‌رغم مشغلهٔ زیاد خودم در حیطهٔ پزشکی، در دوره‌های متعدد آموزش مدیریت و نیز کوچینگ[1] شرکت کنم؛ اتفاقی که برایم ثمرات بسیاری به همراه داشت.

امروز می‌توانم ادعا کنم کسب‌وکاری که زمانی برای خودش برندی بسیار معتبر در سطح ایران بود، اما به اقتضای روز نیاز به نوسازی

---

1 Coaching

داشـت، اکنـون تبدیـل بـه سـازمانی مـدرن شـده اسـت کـه علاوه‌بـر بازسـازی برنـد[1]، محصـولات آن بـا رویکـردی سـازگار بـا محیـط زیسـت توسـعه یافته‌انـد.

آرت یونیتی

همـراه همسـرم منتظـر نتایـج امتحانـات بـورد تخصصـی رشـتۀ قلـب و عـروق بودیـم کـه نـام محمـد به‌عنـوان نفـر اول بـورد تخصصـی در ایـران اعـلام شـد. آن زمـان مهاجـرت هـدف هیچ‌کـدام از مـا نبـود. یـک بـار محمـد جمله‌ای گفـت کـه هرگـز فرامـوش نمی‌کنـم: «مـن می‌دانـم بـا اسـتعدادی کـه دارم، اگـر از ایـران بـروم و روی خـودم سـرمایه‌گذاری کنـم، می‌توانـم محقـق یـا اسـتادی برجسـته در رشـتۀ خـودم بشـوم، امـا علاقـۀ مـن ایـن اسـت کـه دسـت انسـان‌های دور و بـر خـودم در ایـران را بگیـرم و همـه بـا هـم حرکـت کنیـم و جلـو برویـم، حتـی اگـر بـه قیمـت تبدیـل نشـدن مـن بـه برجسـته‌ترین نسـخۀ خـودم باشـد.» البتـه او خیلـی زود بـه مرکـز قلـب شـهید رجایـی دانشـگاه علـوم پزشـکی ایـران دعـوت و به‌عنـوان اسـتادیار مشـغول بـه کار شـد.

بـه نظـرم اینکـه مـا از چـه مسـیری بـه عالی‌تریـن نسـخۀ خودمـان بـدل می‌شـویم، همیشـه قابـل پیش‌بینـی نیسـت.

در یکـی از شـب‌های سـرد پاییـزی، محمـد ایـدۀ فوق‌العـاده‌ای را بـا مـن مطـرح کـرد و مـن هـم بـا شـعف بسـیار از آن اسـتقبال کـردم: «چـرا در زمانه‌ای کـه هنرمنـدان جـوان خوش‌ذوق و خـلاق، بـا شـوقی مضاعـف بـه خلـق دنیـای ذهنـی خـود مشغول‌انـد، آدم‌هـای دیگـر بـدون توجـه بـه آن‌هـا، تنهـا درگیـر روزمرگی‌هایشـان هسـتند؟» ایـن فکـر باعـث پا

---

1 Rebranding

گرفتن یک استارتاپ[1] هنری شد که هدفش شناسایی و پشتیبانی از هنرمندان جوان و نوپای سرزمینمان و نیز معرفی و ارائهٔ هنر اصیل و دارای شناسنامه با قیمت‌های معقول به هم‌وطنانمان بود.

این ایده در زمستان سال ۱۳۹۷ شکلی واقعی به خود گرفت و استارتاپ آرت‌یونیتی متولد شد.

سخن پایانی

صلح پایدار: از درون به بیرون

امروز که با یاری همکار عزیزم، خانم دکتر مهناز آقایی‌پور، مسئولیت آزمایشگاه پاتولوژی بیمارستان لاله را به عهده دارم، آنچه در تمام این سال‌ها آموختم و آزمودم به بار نشسته و مرا به آرزویی که سال‌ها قبل داشتم نزدیک‌تر کرده است. از صمیم قلب قدردان حضور استادان و همکاران بسیار گران‌قدرم هستم که با تلاش بی‌وقفه‌شان ما را در ارائهٔ خدماتی همسو با استانداردهای جهانی یاری می‌نمایند.

من یک پزشک پاتولوژیست و یک کارآفرین هستم و در حوزه‌های پزشکی و صنعت، سفری پرفرازونشیب را تجربه کرده‌ام. در این مسیر، عمیق‌ترین درک من این بوده است که کوچینگ، وقتی با هدف و مسئولیت‌پذیری همراه باشد، می‌تواند ابزاری قدرتمند برای ایجاد تغییر پایدار باشد. به این باور رسیده‌ام که عمیق‌ترین حکمت‌ها اغلب از لحظات غیرمنتظره نشئت می‌گیرند؛ از راهنماییِ کوتاه اما تأثیرگذار یک استاد که به من آموخت برای آینده تلاش کنم، و از رفتار چالش‌برانگیز یک همکار که به نقطهٔ عطفی در

1 Startup

مسئولیت‌پذیری شخصی‌ام تبدیل شد.

این افراد که به من کمک کردند شکوفا شوم و رؤیاهایم را محقق کنم، دانسته یا نادانسته، از تکنیک‌های کوچینگ استفاده می‌کردند. همین‌که در دل چالش‌های پیش رو بودم، دریافتم که چگونه می‌توان ارزش‌هایی عمیق‌تر خلق کرد؛ نه فقط برای خودمان، بلکه برای جامعه‌ای که در آن فعالیت می‌کنیم. به نظر من بسیار مهم است که اقدامات ما در مسیری حرکت کند که به صلح ختم شود و مهم‌تر آن است که این اقدامات، ریشه در شناخت ارزش‌های مشترک انسانی ما داشته باشد. من باور دارم اگر با فروتنی و قدردانی به جهان هستی نزدیک شویم، جهان ما را حمایت خواهد کرد و مسیرهای رشد و شکوفایی یک به یک در برابرمان گشوده خواهند شد.

چه چیزی به من به‌عنوان یک انسان، و درعین‌حال یک رهبر، کمک کرده است تا در شرایط بسیار پرنوسان و دشوار، شکوفا شوم؟ من سال‌هاست که مسئولیت کامل زندگی‌ام را پذیرفته‌ام و دیگران را مقصر ناکامی‌ها و شکست‌هایم نمی‌دانم. من مدت‌هاست که با آنچه از کنترل من خارج است، به صلح رسیده‌ام. در مسیر شکوفایی، آنچه از همه مهم‌تر به نظر می‌رسد، گوش دادن به صدای اصیل درونی‌مان و شناسایی ارزش‌های انسانی‌مان است؛ البته این شانس من بوده است که خیلی زود این ارزش‌ها را شناخته‌ام.

از نگاه من، مسیری که برای دستیابی به ثروت انتخاب می‌کنیم و رفتاری که با انسان‌های اطرافمان داریم، در جذب برکت به زندگی‌مان بسیار پراهمیت است. من باور دارم اگر افراد از دنیای

کوچـک خـود فراتـر رونـد و از اطرافیـان و جامعـهٔ خـود حمایـت کننـد، جهـان بـه جـای زیباتـری بـرای زیسـتن تبدیـل خواهـد شـد.

از دیدگاه مـن، یـکی از مطمئن‌ترین راه‌هـای دسـتیابی بـه صلـح درونی از مسیـر درک زیبـایی، هنـر و فرهنـگ می‌گـذرد و درعین‌حـال یـکی از مطمئن‌تریـن مسیرهـا بـرای ارتقـای صلـح در اجتمـاع، از طریـق کوچینـگ اسـت. بـرای درک واقعـی زیبـایی، در وهلـهٔ اول بایـد در مواجهـه بـا آن قـرار بگیریـم. تعامـل دائمـی بـا طبیعـت، شـکوه معمـاری، هنـر و ادبیـات فاخـر، مـا را بـا زیبـایی مأنـوس می‌کنـد. کسـی کـه بـا زیبایی‌هـا مأنـوس باشـد، چگونـه می‌توانـد بـا خـودش و بـا جهـان در صلـح نباشـد؟ سـفر زندگی بـه مـن آموختـه اسـت کـه فنـاوری واقعـیِ تغییـر، تنهـا مجموعـه‌ای از ابزارهـا نیسـت، بلکـه درکی عمیـق از حکمـت و قـدرتی اسـت کـه از قبـل در جهـان پیرامـون مـا وجـود دارد. بـا این آگاهی جدیـد، می‌توانیـم از تـلاش ناآگاهانـه بـه سـمت زیسـتن آگاهانـه حرکـت کنیـم، تغییـرات پایـداری ایجـاد نماییـم و بـه پتانسیل کامـل خـود بـرای خلـق یـک زنـدگی هدفمنـد دسـت یابیـم.

آرزوهای بزرگ
راهنمای سفر درون

دربارهٔ نویسنده

دکتــر فرینـــاز راشــدمرندی، پزشک پاتولوژیست
دارای بـورد تخصصـی کلینیـکال و آناتومیـکال پاتولـوژی، پانـزده سال
به‌عنـوان اسـتادیار و پژوهشـگر در مرکـز تحقیقـات آزمایشگاه‌های
رفرانـس فعالیـت داشـته اسـت. او مؤسـس و هم‌بنیان‌گـذار آزمایشگاه
پاتوبیولـوژی فروردیـن و آزمایشـگاه فروردیـن نویـن بـوده و در حـال حاضر
به‌عنـوان مسـئول فنـی و رئیـس آزمایشـگاه پاتولـوژی بیمارسـتان لالـه
مشـغول بـه کار اسـت. فرینـاز علاوه‌بـر فعالیت‌هـای تخصصـی در حـوزهٔ
پاتولـوژی، دورهٔ حرفـه‌ای کوچینـگ‌[1] را گذرانـده اسـت و به‌عنـوان کـوچ
سـلامت و همچنیـن مشـاور کسـب‌وکار در حوزه‌هـای متنـوع همـکاری

---

1 FCA

می‌کند.

فریناز پزشک و رهبری پرانرژی و خلاق است که استعداد بالایی در همراه کردن اعضای تیم‌ها برای اهداف سازمانی دارد.

او معتقد است برای زیستن در دنیایی امن‌تر و کاهش تبعیض اجتماعی، ضروری است همهٔ ما، چه صاحبان کسب‌وکار و چه کارمندان، بخشی از نگاهمان را از سیاستمداران و شرایطی که امکان تغییر دادن آن را نداریم برداریم و بر کیفیت ارائهٔ خدماتمان به شیوه‌ای حمایتگر متمرکز کنیم؛ حمایت از انسان‌هایی که از خدمات ما بهره‌مند می‌شوند و نیز حمایت از محیط زیست و زمین.

فریناز علاوه‌بر فعالیت در عرصهٔ پزشکی، راه پدر را با حفظ و توسعهٔ کسب‌وکار ایشان در حوزهٔ صنعت رنگ و پوشش‌های محافظ ساختمانی ادامه می‌دهد. او همچنین به‌عنوان مشوق دکتر محمدکاظم ترقی، در شکل‌گیری استارتاپ آرت‌یونیتی نقش مؤثری داشته است و در حال حاضر نیز به‌عنوان مشاور و سرمایه‌گذار در این کسب‌وکار هنری فعالیت دارد.

از علاقه‌مندی‌های او می‌توان به ورزش، سفر، خوشنویسی و آواز اشاره کرد.

راه‌های ارتباط با نویسنده:

✉ fr_marandi@yahoo.com
⬡ Dr.farinaz_rashedmarand

در جست‌وجوی خویشتن

دکتر مریم (الناز) رحیم‌زاده

در جست‌وجوی خویشتن

دکتر مریم (الناز) رحیم‌زاده
کوچ تحول درونی، مدرس خودشکوفایی و دندان‌پزشک

در پی معنای زندگی

از سال‌های نوجوانی به خاطر می‌آورم که همیشه برایم این سؤال مطرح بود که آیا واقعاً عدالت بر جهان حاکم است؟ چطور می‌توان گفت عدالت وجود دارد وقتی سهم انسان‌ها از شادی، امکانات و آسایش این‌قدر متفاوت و نابرابر است؟

همیشه دلم می‌خواست از جایی بالاتر، فراتر از زندگی روزمره، به هستی نگاه کنم. دلم می‌خواست بفهمم چرا زنده‌ایم، و آیا رنجی که انسان‌ها در سراسر دنیا متحمل می‌شوند، واقعاً معنا و هدفی دارد؟

در این جست‌وجو، چیزی توجه مرا عمیقاً به خود جلب کرد: اینکه در مکاتب مختلف عرفانی و فرهنگی، از شرق تا غرب، بارها از تجربه‌ای مشترک سخن به میان آمده است؛ تجربه‌ای از یگانگی با هستی، تجربه‌ای که در آن عشق بُنیاد جهان معرفی می‌شود، تجربه‌ای که فراتر از دوگانگی رنج و شادی، زندگی را یک‌پارچه و مقدس می‌بینند و ذات و اصالت انسان را شادی و آرامش .

از شکفتن تا شکستن

آخرین روزهای تابستان بود. بعد از سال‌ها دوباره به شهری که سال‌های کودکی‌ام را در آن گذرانده بودم بازگشته بودم تا به‌عنوان دانشجو، در رشتهٔ دندان‌پزشکی تحصیل کنم. از خودم و تلاش و پشتکاری که برای

موفقیت در آزمون ورودی دانشگاه به خرج داده بودم بسیار راضی بودم. احساس می‌کردم هدف دو دههٔ اول زندگی‌ام، که آموختن چگونه زیستن و ساختن آینده‌ای روشن به‌عنوان یک انسان مستقل و توانمند بود، در حال تحقق است. تصوری که دیری نپایید. همیشه وقتی خاطرات آن سال‌ها را مرور می‌کنم، منظرهٔ یک سقوط در ذهنم تداعی می‌شود. کسی که صعودش را به قله‌ای بلند جشن گرفته است، بی‌خبر از آنکه به‌زودی از همان ارتفاع به پایین پرت خواهد شد.

زندگی در محیط خوابگاه آسان نبود و هیچ شباهتی به آسایش و امنیت فضای خانه نداشت. ارزش‌ها و اصول اخلاقی من که با وسواس زیاد از آن‌ها مراقبت می‌کردم، مثلاً اینکه پشت سر کسی بدگویی یا کسی را مسخره نکنم، باعث می‌شد اغلب در جمع‌ها احساس تنهایی کنم. سبک مطالعهٔ من هم، که عادت کرده بودم به جزئیات دقت کنم، به درد دروس حجیم دانشگاه نمی‌خورد. کم‌کم احساس می‌کردم چیزی در من تغییر کرده است؛ انگار حس زندگی داشت در من گم می‌شد و نشاط و شادابی سابق را نداشتم. نمی‌توانستم ذهنم را متمرکز کنم و حافظه‌ام به‌شدت افت کرده بود. این نسخهٔ بی‌روح و ناتوان از خودم را نمی‌شناختم و حتی نمی‌دانستم چه‌کار می‌توانم بکنم. این تغییرات گیج‌کننده احساس شرم عمیقی در من ایجاد می‌کرد که تا سال‌ها باقی ماند و باعث رنج من شد. حس می‌کردم خودم را از دست داده‌ام. انگار روحم مرده بود. متأسفانه مدت زیادی طول کشید تا فهمیدم دچار افسردگی شده‌ام. تازه افسردگی‌ام داشت درمان می‌شد که در حادثهٔ تلخی، برادرم را که فقط ۱۷ سال داشت از دست دادم. یکی دو سالی می‌شد که او

از کـودکی عبـور کـرده بـود و صمیمیـت مـا بیشـتر از همیشـه شـده بـود. وقتـی بـرای تعطیـلات بـه خانـه برمی‌گشـتم، حرف‌هـای زیـادی داشـتیم کـه بـا هـم بزنیـم. حـالا او بـرای همیشـه رفتـه بـود و آن سـؤال کـذایی دوبـاره در ذهـن مـن تکـرار می‌شـد: چـرا بایـد این‌قـدر رنـج بکشـیم؟ هـدف از این‌همـه درد و سـختی کـه گاهـی زنـدگی بـه انسـان تحمیـل می‌کنـد چیسـت؟

یـک سـال بعـد فارغ‌التحصیـل شـدم و بـه تهـران برگشـتم. فصـل جدیـدی در زنـدگی‌ام گشـوده شـد: ازدواج و کار. احسـاس می‌کـردم بعـد از مصیبـت و فقـدان بزرگـی کـه گریبـان خانـواده‌ام را گرفتـه بـود، بایـد بیشـتر مراقب والدینـم باشـم و ازطرفـی قـرار بـود وارد دنیـای جدیـدی شـوم کـه برایـم ناآشـنا بـود. عمـدۀ ۲۶ سـال اول زنـدگی مـن، مثـل اغلـب جوانـان، بـه تحصیـل گذشـته بـود و حـالا قـرار بـود وارد بـازار کار شـوم. به‌شـدت نیـاز بـه یـک حامـی و تکیـه‌گاه امـن داشـتم. بـا جوانـی از بسـتگان دور کـه تاحـدی خانـواده‌اش را می‌شـناختم ازدواج کـردم. همـان سـال‌های اول ازدواج بـود کـه متوجـه شـدم انتخـاب اشـتباهی کـرده‌ام و ارزش‌هـای مـا بسـیار از هـم فاصلـه دارد، ولی تـرک رابطـه نیـز بسـیار پرهزینـه بـه نظر می‌رسـید. هـر دوی مـا تـلاش می‌کردیـم کـه رابطـه را بهبـود ببخشـیم و رابطـۀ مـا بـا فرازوفرودهایـش ادامـه یافـت.

آتش اشتیاق

بعـد از گذشـت سـه دهـه و مسـیری کـه در زنـدگی طی کـرده بـودم و موفقیت‌هـا و شکسـت‌هایی کـه تجربـه کـرده بـودم، حـالا اشـتیاقی در مـن بیشـتر از پیـش زبانـه می‌کشـید: اینکـه خـودم را بشناسـم و بهبـود ببخشـم. نیـاز و اشـتیاقی کـه حـالا پاسـخ‌های بهتـری می‌یافـت.

کلاس‌ها و کارگاه‌هایی که هرکدام با رویکردی به رمزگشایی روان انسان می‌پرداختند حالا بیشتر از پیش در دسترس بودند و کتاب‌های زیادی در این زمینه ترجمه و منتشر می‌شدند. روان‌شناسی تحلیلی یونگ[1] که محبوبیت زیادی هم پیدا کرده بود، سرنخ‌های بسیار خوبی به من داد که چگونه خود را بکاوم، الگوهای فکری و رفتاری‌ام را پیدا کنم و تعادل را بازگردانم. رویکردهای مختلف را، که هرکدام از زاویه‌ای به ساختار پیچیدهٔ روان انسان می‌پرداختند، برای فهمیدن خودم و اطرافیانم می‌آزمودم. از روان‌شناسی تحلیلی تا تحلیل رفتار متقابل، رویکرد اکت[2]، بی‌درنگ‌نویسی و روزانه‌نویسی[3]، مراقبه[4] و تکنیک‌های مختلف تنفس، تحلیل رؤیا و روان‌درمانی. جست‌وجوی من به دنبال خودم ادامه داشت. هر بار تکه‌ای از پازل خود را پیدا می‌کردم و سر جایش می‌گذاشتم.

افسون گل سرخ

آخرین روزهای پاییز بود. کرونا بیداد می‌کرد. زندگی روزمره رنگ عجیبی به خود گرفته بود؛ عادت کرده بودیم به نفس کشیدن از پشت ماسک، ضدعفونی کردن اشیا و دنبال کردن مداوم آمارها. من در آن روزهای پرالتهاب، مدتی بود که وارد برههٔ جدیدی از زندگی‌ام شده بودم که پر از آرامش بود. جدا شده بودم و تنها زندگی می‌کردم. تنهایی و خلوت همیشه برای من مأمن بود و حالا باکیفیت‌تر و عمیق‌تر از همیشه تجربه‌اش می‌کردم و قدردانش بودم.

---

1 Carl Gustav Jung
2 Acceptance and Commitment Therapy (ACT)
3 Journaling
4 Meditation

آخرین روز پاییز همیشه برایم روز جشن گرفتن بود؛ جشن گرفتن تولدم کنار دوستان و خانواده، در میان سرخی دانه‌های انار و هنداوانهٔ شب یلدا. ولی آن سال خبری از دورهمی و فال حافظ و شادی شب یلدا نبود. مبتلا نشدن به کرونا و زنده ماندن حالا بر هرچیزی اولویت داشت.

کار ما نیست شناسایی راز گل سرخ
کار ما شاید این است
که در افسون گل سرخ شناور باشیم[1]

یک روز جمعه، چند روزی بعد از تولد چهل‌سالگی‌ام، مثل همیشه صبح زود از خواب بیدار شدم و شروع به نوشتن کردم. کاری که همیشه کمکم می‌کند ذهنم را مرتب کنم و با روانی یک‌پارچه روزم را آغاز کنم. همین‌طور که می‌نوشتم، ناگهان توجهم به دستم جلب شد. حس می‌کردم قلم در بین انگشتانم سست شده است و دستم بی‌رنگ می‌شود. ناگهان لرز وحشتناکی تمام وجودم را فراگرفت. اضطراب توان‌فرسایی بر من غلبه کرد. هرچقدر تلاش می‌کردم خودم را گرم کنم، فایده‌ای نداشت. شوک عجیبی بود و من اصلاً انتظارش را نداشتم و همین باعث می‌شد اضطراب بیشتری را تجربه کنم. هرگز چنین حالی را تجربه نکرده بودم. «چه حال وحشتناکی! آیا زنده خواهم ماند؟»

کم‌کم درکم از زمان و مکان تغییر کرد؛ هر لحظه چند ساعت کش می‌آمد. هوشیاری‌ام بین وهم و واقعیت در نوسان بود تا اینکه از واقعیت کاملاً جدا شدم. از بالا زندگی‌ام را می‌دیدم؛ روابط و

---

۱ سهراب سپهری

دغدغه‌هـا، همـه همچـون تکه‌هـای بـازی‌ای کوچـک زیـر پایـم گسـترده شـده بودنـد.

«زنـدگی یـک بـازی اسـت؛ چـرا ایـن را فرامـوش کرده‌ایـم؟» در آن لحظـات ایـن حقیقتـی بدیهـی و فراموش‌شـده بـه نظـرم می‌رسـید. مـا زنـدگی را بیش‌ازحـد جـدی گرفته‌ایـم. آن‌قـدر در تکاپـوی تحقـق آینـدۀ ایده‌آلمـان هسـتیم کـه حضـور و لـذت بـردن از آنچـه هسـت را فرامـوش می‌کنیـم؛ مثـل بازیگـران تئاتـری کـه صحنـۀ نمایـش را فرامـوش کـرده باشـند و آن را بـا زنـدگی واقعـی اشـتباه گرفتـه باشـند.

کم‌کـم فضـا تغییـر کـرد. احسـاس می‌کـردم تک‌وتنهـا وسـط کهکشـان پرتـاب شـده‌ام و در اطرافـم هیـچ موجـود زنـده‌ای نیسـت. ولی بـاز هـم ایـن تنهایـی عمیق‌تـر شـد. صدایـی در درونـم گفـت: «نـه، تـو بـه فضـا پرتـاب نشـده‌ای. در دوردسـت‌ها هـم هیـچ انسـان یـا موجـود زنـده‌ای وجـود نـدارد. تـو در ابتـدای آفرینـش هسـتی.»

مـن بـودم و جهـانی کـه جـان نداشـت. در ابتـدا ایـن تنهایـی بـه نظـرم بامـزه می‌رسـید: «چـه جالـب! در دنیـا هیچ‌کـس جـز مـن نیسـت.» امـا خیلـی زود احساسـم تغییـر کـرد: «نـه! اصلـاً بامـزه نیسـت! چقـدر ترسـناک اسـت! و بی‌نهایـت کسـالت‌بار!»

دلـم می‌خواسـت می‌توانسـتم بخوابـم بلکـه دقایقـی از ایـن کابـوس رهـا شـوم. حتـی حاضـر بـودم بمیـرم، ولـی نمی‌شـد. مـن «آگاهـی محـض» بـودم؛ آگاهی ازلـی و ابـدی. بـا ناامیـدی بـه خـودم گفتـم: «خـدا کـه نمی‌توانـد بخوابـد یـا بمیـرد.» در آن لحظـات درک مـن از خـدا بـودن صرفـاً تنهایـی محـض بـود. تنهایـی چقـدر سـنگین و توان‌فرساسـت اگـر در پس‌زمینـه کـس دیگـری نباشـد. حالا بهتـر می‌توانسـتم بفهمـم

لـذتی کـه همیشـه از خلـوت و تنهـایی بـرده بـودم چقـدر مرهـون وجـود انسـان‌های دیگـر بــوده اسـت .

کم‌کـم هوشیـاری‌ام داشـت برمی‌گشـت. بـاورم نمی‌شـد کـه زنـده هسـتم و دوبـاره می‌توانـم جهـان را بـه همـان شـکل سـابق ببینـم و زنـدگی را لمـس کنـم. مـنی کـه عاشـق تنهـایی و خلـوت بـودم، حـالا بـرای اولیـن بـار طعـم شـوکه‌کنندهٔ تنهـایی مطلـق را چشیـده بـودم.[1]

آن روزهـای سـخت به‌کنـدی گذشـتند و زنـدگی کم‌کـم رنـگ عـادی بـه خـود گرفـت، ولی یـک چیـز در مـن عمیقـاً تغییـر کـرد. آن جسـت‌وجوی طـولانی بـه دنبـال معنـای زنـدگی و معنـای رنـج، حـالا بـه نقطـهٔ پایـان رسیـده بـود. واقعیـتی برایـم پررنـگ شـده بـود، آن‌قـدر پررنـگ کـه پی بـردن بـه هـدف زنـدگی دیگـر اهمیـتی نداشـت. مـن هنـوز هـم نمی‌دانـم کـه هـدف غـایی آفرینـش چیسـت، فقـط می‌دانـم کـه هسـتم و همین‌کـه می‌دانـم میلیاردهـا انسـان دیگـر مثـل مـن وجـود دارنـد کافی اسـت. کابـوس تنهـایی مطلـق باعـث شـد بفهمـم کـه حضـور کنـار انسـان‌های دیگـر چـه سـعادت بـزرگی اسـت؛ انسـان‌هایی کـه علی‌رغـم تفاوت‌هـای بسیـار، بـا آن‌هـا وجـوه مشـترک بسیـاری داریـم: همـه مثـل هـم ابهـام و عـدم قطعیـت زنـدگی را تجربـه می‌کنیـم، همـه می‌دانیـم کـه فرصـت محـدودی بـرای زنـدگی داریـم، همـه بـارِ مسـئولیت زیسـتن را بـه دوش می‌کشیـم، هرکـدام بـه نـوعی و بـه دلیـلی رنـج را تجربـه می‌کنیـم و رنج‌هـا و دردهـای مشـترک ماسـت کـه عمیق‌تریـن پیوندهـا را ایجـاد می‌کنـد. هـر انسـان موجـودی منحصربه‌فـرد بـا توانایی‌هـا، اسـتعدادها، اشـتیاق‌ها

---

۱ ایـن داسـتان واقـعی اسـت و در اینجـا به‌اختصـار بـه آن اشـاره شـده اسـت. چنانچـه خواننـده علاقه‌منـد بـه دانسـتن جزئیـات بیشـتری از ایـن واقعـه باشـد، می‌توانـد از طریـق راه‌هـای ارتبـاطی کـه در انتهـای فصـل ذکـر شـده اسـت بـا نویسـنده در ارتبـاط باشـد.

و تجربه‌های خاص است که می‌تواند گره از کار انسان‌های دیگر بگشاید، مسیری باز کند یا نوری بتاباند. هرکسی تکه‌ای از این پازل بزرگ است و تنها زمانی که در جای خود باشد، این تصویر کلی شکل می‌گیرد. هرگز تا این حد به انسان و انسانیت علاقه‌مند نشده بودم. شاید زخم‌هایی که خورده بودم، بی‌آنکه بدانم، مرا از انسان‌ها ناامید کرده بود. ولی حالا نگاهم تغییر کرده بود؛ معنایی که آن‌قدر در جست‌وجویش بودم همین‌جا بود. بخش تاریک زندگی که هرگز نتوانسته بودم هضمش کنم کم‌کم داشت برایم مفهوم پیدا می‌کرد. اگر درد و رنجی نبود، معنایی هم خلق نمی‌شد. در دل هر چالش و هر زخمی، فرصتی است برای کسی که چاره‌ای کند و برای دستی که شفا ببخشد. کار ما خلق کردن معناست. شاید کنترلی روی جهان پیرامون و اتفاقات نداشته باشیم، ولی یک مسئله را می‌توانیم کنترل کنیم: اینکه چگونه بیندیشیم، اتفاقات، دنیای پیرامون و خود را چگونه تعبیر کنیم، و چگونه عمل کنیم.

هرچه آگاهی ما از خود و الگوهای فکری و رفتاری‌مان بیشتر شود، این تسلط و اختیار بیشتر خواهد شد. جبر زندگی همیشه هست، ولی اختیار انسان قابل گسترش است.

«تا زمانی که ناخودآگاه را به خودآگاه تبدیل نکنید، ناخودآگاه زندگی شما را هدایت خواهد کرد و شما آن را سرنوشت خواهید نامید.»[1]

سال‌های زیادی به‌عنوان دندان‌پزشک کار کرده بودم. بارها و بارها از بیمارانم شنیده بودم که بعد از درمانی که برایشان انجام داده بودم،

---

۱ کارل گوستاو یونگ در کتاب معروف *انسان امروزی در جست‌وجوی روح* نسخهٔ ترجمه‌شدهٔ فارسی به قلم فریدون فرامرزی و لیلا فرامرزی که توسط نشر آستان قدس رضوی در سال ۱۳۹۰ به چاپ رسیده است.

از درد راحت شده بودند یا با اعتمادبه‌نفس بیشتری می‌توانستند لبخند بزنند. این همیشه خوشحالم می‌کرد، ولی انگار چیزی کم بود. خیلی وقت‌ها هنگامی که بیمار روی یونیت نشسته بود و من مشغول کار بودم، آرزویی از ذهنم می‌گذشت: «ای کاش می‌توانستم برای روح و روان آدم‌ها کاری انجام بدهم، نه صرفاً برای جسمشان.»

بارها به این فکر کرده بودم که دوباره به دانشگاه برگردم و روان‌شناسی بخوانم، ولی این مسیر خیلی برایم دلچسب نبود و هر بار منصرف می‌شدم. اما اشتیاق سوزانی همچنان مرا فرامی‌خواند. دلم می‌خواست به آدم‌هایی که در تاریکی‌های زندگی گیر افتاده‌اند کمک کنم تا نگاهشان را عوض کنند. سال‌ها خودکاوی و جست‌وجو در پیچ‌وتاب‌های روان، مرا بیش‌ازپیش مجذوب این پیچیدگی کرده بود. حالا من آگاه بودم که ما جهان را در درون خود تجربه می‌کنیم؛ یا قادر به تغییر شرایط و پیشبرد خواست و ارادهٔ خود هستیم و یا اگر نتوانیم شرایط را تغییر دهیم، می‌توانیم نگاه خود را به شرایط انتخاب کنیم. رسالت ما در زندگی ساختن شادی و آفریدن معناست؛ در پرتو آگاهی و تعادل ظریفی که بین خود، دیگران، و جهان هستی برقرار می‌کنیم.

«همه‌چیز را می‌توان از انسان گرفت جز یک چیز: آزادی نهایی انسان برای انتخاب نگرش خود در هر شرایط.»[1]

گذر از آستانه

چند سالی بود که واژهٔ کوچ[2] زیاد به گوشم می‌خورد، اما اینکه افراد

---

۱ از کتاب معروف ویکتور فرانکل، انسان در جست‌وجوی معنا، به ترجمهٔ نهضت صالحیان و مهین میلانی که توسط انتشارات لیوسا در سال ۱۴۰۳ به چاپ رسیده است.

2 Coach

زیـادی بـا تخصص‌هـای کامـلاً متفـاوت خـود را کـوچ معرفی می‌کردنـد، باعث می‌شـد چنـدان بـه ایـن واژه خوش‌بیـن نباشـم. تـا اینکـه بـا کوچینـگ اصیـل آشـنا شـدم و همه‌چیـز تغییـر کـرد. هرچـه بیشـتر دربارهٔ کوچینـگ آموختـم، بیشـتر مجذوبـش شـدم؛ فراینـدی مـدرن کـه از دل فلسـفه، روان‌شناسـی، مدیریـت، علـوم ارتباطـات و علـوم اعصـاب[1] زاده شـده اسـت، هدفـش توانمندسـازی، کشـف پتانسیل‌هـا و شـکوفایی خلاقیـت افـراد اسـت و برخلاف آمـوزش یـا مشـاوره کـه بـر انتقـال دانـش یـا ارائـهٔ راهـکار تمرکـز دارد، بـر تقویـت خـودآگاهی، مسئولیت‌پذیری و ایجـاد راه‌حل‌هـای درونـی تأکیـد می‌کنـد.

هـر بـار بـا مراجعـی در فراینـد کاوش در افکار، احساسـات و رفتارهایـش همـراه می‌شـوم، یـک سـفر ماجراجویانه را تجربـه می‌کنم. سـفری کـه در هـر قـدم، همچـون آینـه‌ای بـدون قضاوت، ابعـاد مختلـف شـخص را بـه او بازمی‌تابانـم تـا بـا خـود یک‌پارچه‌تـر شـود.

جرعه‌ای از دنیای کوچینگ

سـارا، یکـی از مراجعانـم، زنـی شـجاع و خـودآگاه بـود کـه ماه‌هـا بـا هـم کار کـرده بودیـم. آن روز صبـح، سـارا بسـیار کلافه بود. از دسـت خـودش عصبانی بـود و می‌خواسـت روی شـتاب‌زدگی‌هایش کار کنـد. در طـول جلسـه بـه کاوش پرداختیـم. بـه یـاد آورد کـه هـر زمـان روی کاری عمیقـاً تمرکـز کرده، در مـدت کوتاهـی بـه موفقیـت رسـیده اسـت. ایـن کشـف برایـش الهام‌بخش بـود و تصمیـم گرفـت روی ذهن‌آگاهی‌اش بیشـتر کار کند.

چهـرهٔ سـارا، کـه حـالا نسـبت بـه ابتـدای جلسـه آرام‌تـر شـده بـود، ناگهـان گشـوده شـد: «مـن بسـیار ثروتمنـدم. به‌خاطـر رنج‌هایـی کـه کشـیده‌ام

---

1 Neuroscience

ثروتمندم. هر بار که چیزی مرا آزار می‌دهد، حرکتی در درونم آغاز می‌شود و معمولاً پس از آن، آگاهی تازه‌ای متولد می‌شود و رشد از دل این آگاهی جوانه می‌زند. من از دل رنج‌هایم به گنج‌ها رسیده‌ام.»

او در میان تاریکی‌هایش، گنج را یافته بود و به آشتی با تمامیت زندگی رسیده بود. حالا، هم شادی‌ها و موفقیت‌ها، و هم دردها و تاریکی‌ها برایش معنا یافته بودند.

مهسا دوستی بود که مدت کوتاهی از آشنایی‌مان می‌گذشت. بانوی پرتلاشی که با وجود وظایف مادری، در تحصیل و شغلش هم بسیار فعال و موفق بود، ولی خودش را به دلیل اینکه اغلب نمی‌توانست طبق برنامه‌ریزی‌ای که انجام می‌دهد پیش برود، سرزنش می‌کرد. او از من خواست که با هم روی این موضوع کار کنیم و نتیجه‌ای که نهایتاً به آن رسید بسیار جالب و غافلگیرکننده بود. مهسا دریافت که وقتی تلاش خود را برای اجرای برنامهٔ موردنظرش می‌کند و به دلیل محدودیت‌ها یا اتفاقات خارج از کنترل، طبق برنامه پیش نمی‌رود، باید به روند اتفاقات و ارادهٔ هستی اعتماد کند و آنچه را اتفاق می‌افتد بپذیرد.

ماه‌ها بعد مهسا را در همایشی ملاقات کردم. مسیری طولانی را برای شرکت در همایش طی کرده بود. وقتی می‌خواستم از او خداحافظی کنم پرسیدم: «راستی، شب رو کجا می‌مونی؟»

گفت: «چندین بار تلاش کردم قبل از سفر اتاقی رو در هتلی رزرو کنم و نشد. حس کردم هستی داره بهم می‌گه بهم اعتماد کن، نمی‌خواد جایی رو رزرو کنی. الان تازه می‌خوام برم دنبال هتل بگردم.»

بـا خوشـحالی از او دعـوت کـردم کـه شـب را در منـزل مـن اقامـت کنـد و او
پذیرفـت. آن شـب متوجـه شـدم کـه طی ایـن ماه‌هـا، تسـلیم و پذیـرش را
عمیقـاً در خـود پـرورش داده اسـت. هـر دو بی‌نهایـت خوشـحال بودیـم کـه
او موفـق نشـده بـود از قبـل اتاقـی را رزور کنـد و بـه هسـتی اعتمـاد کـرده
بـود. حـالا مـا فرصـت بی‌نظیـری داشـتیم بـرای گفت‌وگـویی دلچسـب و
تعمیـق یـک رفاقـت نـاب.

مـن بی‌نهایـت شـکرگزارم از اینکـه چنیـن انسـان‌های نـابی را ملاقـات
می‌کنـم و ایـن شـانس بـزرگ را دارم کـه جـایی در طول سـفر زندگی‌شـان،
آیینه‌دارشـان باشـم تـا بـزرگی درون خـود را ببیننـد و راهـکار مسـائل
خـود را از دل خـرد درونشـان بیافریننـد.

بیرون ز تو نیست هرچه در عالم هست
از خود بطلب هرآنچه خواهی که تویی[1]

۱ مولانا، دیوان شمس.

در جست‌وجوی خویشتن

دربارهٔ نویسنده

دکتــر مریـم (الناز) رحیم‌زاده، کوچ تحول درونـی و مـدرس خودشـکوفایی بـا مـدرک مـورد تأییـد فدراسـیون بین‌المللی کوچینـگ[1]، دندان‌پزشک و دانش‌آموختـهٔ بیزینس‌کوچینـگ اسـت.

النـاز بـر ایـن بـاور اسـت کـه بِه‌زیسـتی و سـلامت انسـان در گـرو پیونـدی هماهنـگ میـان سـلامت جسـم، روان و روح اسـت. همیـن درک، او را بـر آن داشـت کـه پـس از سـال‌ها فعالیـت در صنعت سـلامت و تمرکز بر جسـم، راه تـازه‌ای را بـرای همـراهی بـا انسـان‌ها در مسـیر شـکوفایی درونـی آغـاز کند.

رسـالت او همـراهی بـا افـراد تحصیل‌کـرده، پرتـلاش و موفـقی اسـت کـه

---

1 International Coaching Federation (ICF)

سال‌ها در مسیر دستاوردهای بیرونی گام برداشته‌اند، اما اکنون در میانهٔ فرسودگی، فشار نقش‌های اجتماعی و احساس بی‌معنایی، در جست‌وجوی بازگشت به خودِ اصیلشان هستند تا آرامش، معنا، رضایت و تعادل را در زندگی‌شان بازآفرینی کنند.

داستان زندگی الناز با موفقیت تحصیلی آغاز شد، اما با تجربهٔ افسردگی و فقدان برادرش، برای شناخت خود، فهم سازوکارهای روان انسان و یافتن معنا در دل بحران‌های درونی و بیرونی، وارد مرحله‌ای عمیق از جست‌وجو شد. این جست‌وجو به مسیری انجامید که به او آموخت چگونه می‌توان از دل رنج، بیداری و تحول آفرید.

الناز عمیقاً باور دارد که انسان جهان را درون خود تجربه می‌کند و آفرینش یک زندگی معنادار و رضایت‌بخش نیازمند پیوندی اصیل با خویشتن، دیگران و هستی است.

او با اتکا بر سال‌ها تجربهٔ بالینی، دانش روان‌شناسی و مهارت‌های کوچینگ، همراه کسانی می‌شود که دیگر نمی‌خواهند فقط «موفق» باشند، بلکه می‌خواهند زنده، متصل و معنادار زندگی کنند؛ کسانی که در دل فشارها و خستگی‌ها، در جست‌وجوی روشنایی و آرامش درونی‌اند.

اگر این کتاب برایتان الهام‌بخش بود، یا سوالی را در ذهنتان برانگیخت، می‌توانید از طریق راه‌های زیر با الناز در ارتباط باشید:

📷 elnazinbloom

✉️ elnaazcoaching@gmail.com

برای دریافت مطالب بیشتر در حوزهٔ خودشکوفایی، تحول درونی و روان‌شناسی مثبت‌نگر، همراه او باشید.

در خود بطلب
هرآنچه خواهی که تویی

مرجان شمس

در خود بطلب هر آنچه خواهی که تویی
مرجان شمس
پژوهشگر و کوچ حرفه‌ای و مدرس توسعهٔ فردی و رهبری

اگر گمشده تو هستی، چرا پیدایش نمی‌کنی؟

ایـن بیـان عمیـق و فلسفـی نه‌تنهـا در سـنت‌های عرفانـی و ادبیـات کلاسیـک فارسـی جایگاه ویـژه‌ای دارد، بلکـه در دنیـای مـدرن نیـز بـا مفاهیـم روان‌شناسـی، رشد فـردی و فلسفه‌هـای معاصـر هم‌راستاست. ایـن فلسفه، همانـی اسـت کـه در کوچینـگ[1] نیـز بـه آن توجـه می‌شـود. کوچینـگ بـه شـما می‌آمـوزد کـه بـرای رسیـدن بـه تغییـرات واقعـی و پایـدار، نیـازی بـه جسـت‌وجوی راه‌حل‌هـا در دنیـای بیـرون نداریـد. پاسـخ‌ها و منابـع درونـی شـما، همـان چیـزی اسـت کـه شـما را در مسـیر تحـول و رشـد قـرار می‌دهـد. یـک کـوچ خـوب بـه شـما پاسخ‌هـای آمـاده نمی‌دهـد، بلکـه کمـک می‌کنـد تـا از ژرفـای درون خـود منابـع، قدرت‌هـا و راه‌حل‌هـا را کشـف کنیـد.

در ایـن مسـیر می‌تـوان از سـقراط، فیلسـوف برجسـتهٔ یونانـی، نیـز الهـام گرفـت. سـقراط بـا روش پرسـش و پاسـخ خـود، شـاگردانش را بـه جسـت‌وجوی خـودآگاهی و حقیقـت در درون خودشـان دعـوت می‌کـرد. او می‌دانسـت کـه بـرای دسـتیابی بـه تغییـرات واقعـی، فـرد بایـد خـود را بشناسـد و از درون خـود بـه راه‌حل‌هـا برسـد. در کوچینـگ نیـز رویکـردی مشـابه به‌کار مـی‌رود.

---

1 Coaching

کوچینگ از درون تو آغاز می شود!

کوچینگ یـک فراینـد تعاملـی اسـت کـه در آن فـرد (کـوچ) بـا اسـتفاده از ابزارهــا، تکنیک‌هــا و مدل‌هــای علمــی بــه شخصــی دیگــر (مراجــع) کمـک می‌کنـد تـا درک عمیق‌تـری از خـود پیـدا کـرده، اهـداف خـود را شناسـایی کنـد و برنامـه‌ای منظـم بـرای رسـیدن بـه آن اهـداف تدویـن نمایـد. برخـلاف مشـاوره یـا درمـان، کـه معمـولاً روی حـل مشـکلات گذشـته یـا تجزیـه و تحلیـل آن‌هـا تمرکـز دارنـد، کوچینـگ بـه آینـده و مسیرهــای رشــد فــردی معطــوف اســت. در ایــن فراینــد، کــوچ بــه فـرد کمـک می‌کنـد تـا از منابـع درونـی خـود اسـتفاده کـرده و به‌طـور مؤثـری بـر موانـع ذهنـی، عاطفـی یـا رفتـاری غلبـه کنـد تـا بـه تغییـرات مثبـت در زندگـی خـود دسـت یابـد. کـوچ به‌جـای ارائـهٔ راه‌حل‌هـای آمـاده، پرسـش‌های هوشـمندانه و چالش‌برانگیـز می‌پرسـد کـه فـرد را بــه تفکـر عمیق‌تـر وادار می‌کنـد و بـه او کمـک می‌کنـد تـا پاسـخ‌ها و اسـتراتژی‌های خـود را پیـدا کنـد. ایـن بـدان معناسـت کـه در کوچینـگ، فـرد نه‌تنهـا بـه سـمت اهـداف بیرونـی حرکـت می‌کنـد، بلکـه در مسـیر کشـف خـود و توسـعهٔ درونـی نیـز گام برمی‌دارد.

چرا جست‌وجوی درون راهی به‌سوی تغییرات پایدار است؟

کوچینـگ در دنیـای امـروز بـه یکـی از ابزارهـای قدرتمنـد بـرای ایجـاد تغییــرات پایـدار در زندگـی تبدیـل شـده اسـت. یکـی از مهم‌تریـن دلایـل موفقیـت کوچینـگ، فشـار بـر خودآگاهـی و آگاهـی از ظرفیت‌هـای درونـی اسـت کـه بـه فـرد ایـن امـکان را می‌دهـد کـه از موانـع ذهنـی عبـور کـرده و بـه تغییـرات عمیق‌تـری دسـت یابـد.

ازجملـه مدل‌هـای روان‌شـناختی کـه در فراینـد کوچینـگ به‌طـور گسـترده

استفاده می‌شود، نظریهٔ رشد[1] است. این نظریه، که توسط کارول دوک[2] توسعه یافته است، بر این اصل تأکید دارد که قابلیت‌ها و هوش فردی به هیچ عنوان ثابت نیستند و افراد با تمرین، تلاش و پذیرش چالش‌ها می‌توانند در هر زمینه‌ای به رشد و توسعه برسند. در کوچینگ، این دیدگاه به مراجعین کمک می‌کند تا به‌جای تمرکز بر محدودیت‌ها و شکست‌های گذشته، به خود باور داشته باشند و از هر تجربه به‌عنوان فرصتی برای رشد و بهبود استفاده کنند.

مدل سوات[3] یکی دیگر از ابزارهایی است که در کوچینگ برای شناسایی و استفاده از منابع داخلی و شناخت موانع خارجی به کار می‌رود. این مدل به افراد کمک می‌کند تا به‌طور دقیق و واقع‌بینانه‌تری به ارزیابی وضعیت فعلی خود پرداخته و راه‌حل‌هایی برای بهبود و پیشرفت در مسیر هدف‌هایشان بیابند.

آغاز از درون: مسیر نوین تغییر و شکوفایی

برخی از افراد ممکن است تصور کنند که برای ایجاد تغییر در زندگی خود باید شرایط بیرونی را تغییر دهند؛ مثلاً شغل جدیدی پیدا کنند، محیط اطرافشان را تغییر دهند یا حتی رابطه‌های اجتماعی جدید بسازند. اما درحقیقت، همان‌طور که فلسفه‌های کهن و مدرن تأکید دارند، اولین گام برای هر تغییر واقعی، تغییر از درون خود فرد است.

کوچینگ به افراد کمک می‌کند تا با شناسایی الگوهای فکری و

1 Growth Mindset

2 Carol Dweck

۳ تحلیل SWOT (اختصاری برای Strengths (نقاط قوت)، Weaknesses (نقاط ضعف)، Opportunities (فرصت‌ها) و Threats (تهدیدها)) در کوچینگ، راهنمایی توانمند برای کاوش عمیق‌تر در خودآگاهی و برنامه‌ریزی استراتژیک است.

رفتاری که در طول زمان در ذهنشان شکل گرفته است، شروع به تغییر دادن آن‌ها کنند. این تغییرات درونی باعث می‌شود که فرد با دیدگاهی تازه به دنیای بیرون نگاه کند و تصمیماتی اتخاذ کند که منجر به ایجاد تغییرات مثبت و پایدار در زندگی‌اش می‌شود.

سقراط و کوچینگ: فلسفه‌ای برای آگاهی و شکوفایی

در دل تاریخ فلسفه، کمتر چهره‌ای به اندازۀ سقراط توانسته است مفهوم «خودشناسی» را از یک اندیشۀ انتزاعی، به یک تمرین عملی و بین‌فردی تبدیل کند. سقراط، برخلاف بسیاری از متفکران هم‌عصر خود، نه با وعظ و خطابه، بلکه با پرسشگری فعالانه و گفت‌وگوهای چالش‌برانگیز به دنبال حقیقت می‌گشت. روشی که امروزه با نام روش سقراطی[1] شناخته می‌شود، بیش از آنکه در پی ارائۀ پاسخ باشد، مسیر را برای تفکر، تردید، تعمق و کشف درونی هموار می‌کند. سقراط با طرح پرسش‌هایی ظاهراً ساده اما دقیق، بنیان باورهای فرد را به چالش می‌کشید و او را به بازاندیشی و ساختن پایه‌های آگاهانه‌تر و اصیل‌تری از شناخت وامی‌داشت. این روش پایه‌گذار نوعی گفت‌وگوی فلسفی بود که در آن، فرد نه شنوندۀ منفعل، بلکه کاوشگرِ فعال حقیقت درون خود تلقی می‌شد.

در کوچینگ نیز این اصل بنیادین به‌وضوح دیده می‌شود: کوچ به‌جای آنکه مراجع را با نسخه‌های آماده هدایت کند، با تکیه بر مهارت پرسشگری آگاهانه، فرد را به سفری درونی برای کشف

---

۱ روش سقراطی یا Socratic Method که به نام‌هایی چون دیالکتیک یا جدل نیز خوانده می‌شود، روشی برای مباحثه است که بر اساس سؤال و جواب متوالی و هدفمند بنا شده باشد؛ به طوری که در ابتدا با موضع طرف مقابل موافقت و همراهی می‌شود و سپس تناقضات استدلال‌های او آشکار و با استفاده از موضع خود شخص، ادعایش رد می‌شود.

پاسخها، منابـع، معنـا و مسیـر شخصی خـود دعـوت میکند.

پرسشهای هوشمندانه، آگاهی عمیق

در کوچینـگ، پرسـش ابـزار درمـان یا راهحـل نیست؛ بلکـه چراغی است بـرای روشـنکردن تاریکخانـههـای ذهـن و جـان. ایـن پرسشها، کـه اغلـب از نـوع بـاز، هدایـتی، و تأملبرانگیـز هسـتند، بـه گونـهای طـراحی میشـوند کـه مراجـع را از سـطح آگـاهی فعـلیاش فراتـر ببرنـد و او را بـا بخشهایی از خـود روبهرو کننـد کـه تا پیـش از آن نادیـده یا ناشناخته مانـده بودنـد. روانشـناسی شناختی[1] و علـوم رفتـاری نیـز ایـن نقـش را تأییـد میکننـد. مطالعـات نشـان دادهانـد کـه پرسشهای درسـت در زمـان مناسب میتواننـد مدارهـای شـناختی فـرد را از مسیرهـای عادتکـردۀ عصبی خـارج کـرده و او را بهسـوی ایجـاد بینشهـای ناگهانی یـا همـان «لحظـات آهـا[2]» سـوق دهنـد. ایـن لحظـات کشـف درونـی زمـانی اتفـاق میافتنـد کـه ذهـن در حالـت کاوش فعـال قـرار دارد، نـه در حالـت دریافت منفعـل اطلاعـات.[3]

بهعبارتی، پرسـش در کوچینـگ نـهتنها ابـزار کشـف، بلکه ابـزار تحـول اسـت. همانطـور کـه سـقراط بـا پرسشهایش نـاآگاهی آگاهانـه را در شـاگردانش فعـال میکـرد، کـوچ نیـز بـا سـؤالهای دقیـق، مراجـع را از مـنِ خـودکار بـه مـنِ آگـاه و انتخابگـر هدایـت میکنـد.

---

1 Cognitive Psychology

۲ لحظۀ «آهـا» (Aha moment) لحظـهای اسـت کـه یـک مفهـوم پیچیـده یـا مبهـم ناگهان سـاده و شـفاف میشـود.

3 Kounios, J; Beeman, M. (2009). The Aha! Moment: The Cognitive Neuroscience of Insight. *Current Directions in Psychological Science.*

سقراط و اسرار دانایی نهفته

سقراط می‌گفت: «من فقط می‌دانم که هیچ نمی‌دانم.» در ظاهر، این جمله فروتنانه می‌نماید، اما در عمق خود، حامل پیامی ریشه‌ای دربارهٔ ماهیت یادگیری و رشد است: هر تحولی از نقطهٔ پذیرش نادانی آغاز می‌شود.

در کوچینگ نیز همین اصل کاربرد دارد: کوچ نه آموزگار است، نه مشاور و نه قاضی. او یک آینهٔ شفاف است که با قدرت پرسش‌های خود، فرد را به تماشای بی‌واسطهٔ خویشتن دعوت می‌کند. فلسفهٔ سقراط به ما می‌آموزد که نقش یک کوچ، نه انتقال حقیقت، بلکه بیدار ساختن فرایند کشف حقیقت در فرد است. این رویکرد با مفاهیم مدرن روان‌شناسی تحولی[1] و یادگیری تجربی[2] هم‌راستاست.

تحقیقات درزمینهٔ روان‌شناسی مثبت‌گرا تأیید کرده‌اند که افراد زمانی بیشترین رشد و تاب‌آوری را تجربه می‌کنند که در فضایی حمایت‌گر اما غیرجهت‌دهنده، فرصت «خودکاوی» و «خودآزمایی» پیدا می‌کنند[3]؛ دقیقاً همان کاری که سقراط در میدان‌های آتن انجام می‌داد و امروزه کوچ‌ها در اتاق‌های جلسات کوچینگ انجام می‌دهند.

کوچینگ مدرن، درعین‌حال که از علم روان‌شناسی، عصب‌شناسی و مدل‌های رفتاری بهره می‌برد، ریشه‌هایی عمیق در خاک فلسفه دارد. روش سقراطی فقط یک تکنیک نیست، بلکه یک نگرش به انسان است: اینکه هر انسان در درون خود دانایی، قدرت و مسیر

1 Transformational Psychology
2 Experiential Learning
3 Ryan, R. M; Deci, E. L. (2000). Self-Determination Theory and the Facilitation of Intrinsic Motivation, Social Development, and Well-Being. *American Psychologist.*

را دارد، فقط باید کسی باشد که با حضور، سکوت و سؤال، او را به تماشای این درون دعوت کند.

کوچینگ نه یک ابزار، بلکه یک سفر است؛ سفری از آگاهی به‌سوی اقدام. تأثیر کوچینگ در زندگی فردی صرفاً محدود به حل یک مسئله یا رسیدن به یک هدف خاص نیست، بلکه شکلی از بازتعریف رابطهٔ فرد با خود، دیگران و جهان پیرامونش است.

وقتی داده‌ها از تحول سخن می‌گویند

در دو دههٔ اخیر مطالعات متعددی اثربخشی کوچینگ را در بهبود عملکرد، ارتقاء هوش هیجانی، افزایش اعتمادبه‌نفس و شفاف‌سازی اهداف زندگی نشان داده‌اند. در پژوهشی که توسط فدراسیون بین‌المللی کوچینگ[1] انجام شد، ۸۰ ٪ افراد اعلام کردند که اعتمادبه نفسشان پس از دریافت جلسات کوچینگ افزایش یافته و ۷۳ ٪ بهبود قابل‌توجهی در روابط شخصی و کاری خود گزارش کردند.[2]

همچنین، مقاله‌ای که در سال ۲۰۱۶ در مجلهٔ روان‌شناسی مثبت[3] منتشر شد، نشان می‌دهد که کوچینگ بر پایهٔ رویکردهای روان‌شناسی مثبت، در طی فقط ۸ تا ۱۲ جلسه، باعث کاهش اضطراب، افزایش امید به آینده و حس کنترل فرد بر زندگی‌اش شده است.[4]

مطالعه‌ای دیگر نشان می‌دهد افرادی که در فرایند کوچینگ شرکت

---

1 International Coaching Federation (ICF)

2 Retrieved from: https://researchportal.coachingfederation.org/Document/Pdf/190.pdf

3 Journal of Positive Psychology

4 Green, S; Grant, A. M; Rynsaardt, J. (2016). The impact of positive psychology coaching on psychological well-being, goal striving, and hope. *Joumal of Positive Psychology.*

کرده‌اند، در مقایسه با سایر افراد، ۴۰٪ سریع‌تر به اهداف شخصی و شغلی خود رسیده‌اند و سطح رضایت از زندگی‌شان نیز به شکل معناداری بالاتر بوده است.[1]

روایت بیداری

نیلوفر، زنی سی‌وچندساله، تحصیل‌کرده، مادر دو فرزند و مدیر یک تیم بازاریابی بود. از بیرون همه‌چیز مرتب به نظر می‌رسید، اما در درونش طوفانی برپا بود. او هر صبح با صدای زنگ ساعت، در دلش می‌گفت: «آیا واقعاً این همان زندگی‌ای است که می‌خواستم؟»

نیلوفر میان دو نقش گیر کرده بود: مادری که می‌خواست در کنار فرزندانش باشد و زنی که نمی‌خواست هویت حرفه‌ای‌اش را از دست بدهد. او نمی‌دانست ماندن در شغلش نشانهٔ قدرت است یا پافشاری بیهوده.

در جلسات کوچینگ، ابتدا فقط گریه می‌کرد. اما کم‌کم گریه‌ها و سکوت‌هایش جایش را به گفت‌وگو با خود داد.

نیلوفر با استفاده از ابزارهایی مانند چرخهٔ زندگی تصویر دقیق‌تری از نارضایتی‌های پنهان و ارزش‌های اولویت‌دارش به دست آورد، با مدل گرو[2] مسیر تصمیم‌گیری‌اش را مرحله‌به‌مرحله پیمود و درنهایت، با تحلیل هزینه‌ـفایدهٔ[3] هر انتخاب و تمرین اتصال به صدای درون، به تصمیمی رسید که نه دیگران، بلکه خودش از آن احساس رضایت داشت. نیلوفر

1 Matthews, G. (2007). The impact of commitment, accountability, and written goals on goal achievement. *Paper presented at the 5th Annual International Positive Psychology Summit*, Washington, DC.

۲ مدل GROW نامی اختصاری برای چهار مرحله است: Goal (هدف)، Reality (واقعیت)، موانع (Obstacles) و Way Forward (راه پیش رو). این چارچوب کوچینگ به افراد کمک می‌کند تا اهداف خود را تعیین، و برنامه‌های عملی خود را تنظیم کنند.

3 Cost–benefit analysis

شـغلش را تـرک نکـرد، بلکـه آن را بازتعریـف کـرد. ساعت‌های کاری‌اش را کاهـش داد، پـروژه‌ای مسـتقل در حـوزهٔ موردعلاقـه‌اش آغاز کـرد و مهم‌تر از همـه، رابطـه با خـودش را بازسـازی کرد.

کیـوان، مدیـری پنجاه‌سـاله، بـا سـابقه‌ای درخشـان امـا قلبـی فرسـوده از تردیـد بـود. او بـا ایـن بـاور بـزرگ شـده بـود کـه اعتمادبه‌نفس ویژگی‌ای ذاتـی اسـت و اکتسـابی نیسـت، و خیـال می‌کـرد سـهم او از ایـن ویـژگی همیشـه انـدک بـوده اسـت. امـا زندگی‌اش ایجـاب می‌کـرد کـه تصمیمـات مهـم بگیـرد، تیمـش را رهبـری کنـد و در جلسـات مدیران ارشد بدرخشـد.

کوچینـگ بـرای کیـوان آینـه‌ای شـد تـا الگوهـای ذهنـی‌اش را ببینـد. او باورهـای محدودکننـده‌ای داشـت؛ باورهایـی مثـل «مـن بـه درد رهبـری نمی‌خـورم» یـا «مـن همیشـه دیـر تصمیـم می‌گیـرم». وقتـی کیـوان باورهـای محدودکننـده‌اش را روی کاغـذ آورد، تـازه متوجـه شـد چقـدر ایـن جملـات زندگی‌اش را هدایـت کرده‌انـد.

کیـوان بـا اسـتفاده از تکنیک‌هـای مبتنی‌بـر کوچینـگ شـناختی-رفتاری،[1] افکار ناکارآمـدش را بـه چالـش کشـید و قدم‌به‌قدم، داسـتان تـازه‌ای از خـودش نوشـت. امـروز، کیـوان نـه یـک مـرد بی‌نقـص، بلکـه انسـانی پذیرفته‌تـر، شـجاع‌تر و حاضرتـر اسـت؛ کسـی کـه می‌توانـد در یـک جلسـهٔ مهـم، بـا آرامـش بایسـتد و بگویـد: «مـن هنـوز در حـال یادگیری‌ام، امـا همیـن حـالا هـم کافـی هسـتم.»

ایـن داسـتان‌ها تنهـا نمونـه‌ای از هـزاران تغییـر کوچکـی هسـتند کـه در جلسـات کوچینـگ آغـاز می‌شـوند. تغییراتـی کـه از درون فرد می‌جوشـند؛ نه بـا نصیحـت کـردن، بلکـه بـا آگاهـی دادن. نه از سـر اجبـار، بلکـه از دل انتخاب.

---

1 Cognitive Behavioural Coaching (CBC)

کوچینگ: کلید رشد مستمر و تحول درونی

کوچینگ به فرد این فرصت را می‌دهد که خود را ببیند. از طریق گفت‌وگوهای هدایت‌شده، پرسش‌های عمیق و سکوت‌های پرمفهوم، فرد به منابعی درونی وصل می‌شود که تا پیش از آن، شاید حتی از وجودشان بی‌خبر بوده است. این تأثیر موقتی نیست. برخلاف بسیاری از رویکردهای مشاوره‌ای یا انگیزشی که نتایج کوتاه‌مدت دارند، کوچینگ با ایجاد تغییر در سطح باورها، نگرش‌ها و مهارت‌های تصمیم‌گیری، مسیری برای رشد مستمر و پایدار باز می‌کند.

یکی از مراجعانم می‌گفت: «کوچینگ مانند یافتن یک نقشه در دل مه بود. راه‌ها همیشه آنجا بودند، فقط دیدنشان برایم ممکن نبود.»

نقش مهارت‌های کوچینگ در فرایند تحول

کوچینگ هنر تغییر نیست؛ علم تسهیل تحول از درون است. در دل این فرایند، مهارت‌هایی نهفته‌اند که هرکدام همچون ابزاری دقیق، به کوچ اجازه می‌دهند تا فضایی امن، آگاهانه و پویا برای تغییر بسازد. این مهارت‌ها، پایه‌های رابطهٔ کوچ ـ مراجع‌اند و هرکدام ریشه در مفاهیم عمیق روان‌شناسی، علوم رفتاری و فلسفهٔ انسان‌گرا دارند.

شنیدن فعال[1]: شنیدن فراتر از گوش‌ها

شنیدن فعال تنها شنیدن کلمات نیست، بلکه دریافت لحن، سکوت‌ها، مکث‌ها، احساسات پنهان و حتی آنچه گفته نمی‌شود است. این مهارت بر پایهٔ نظریه‌های روان‌شناسی ارتباطی، مانند نظریهٔ کارل راجرز[2]، بنا شده است که باور داشت انسان تنها زمانی

---

1 Active Listening
2 Carl Rogers

تغییـر می‌کنـد کـه عمیقـاً شنیده شود.

در کوچینـگ، وقتـی مراجـع حس می‌کنـد کـه واقعـاً شنیده و دیـده می‌شـود، دیـوار دفاعی‌اش فـرو می‌ریـزد و صـدای درونـش آرام‌آرام فرصـت ابـراز پیـدا می‌کنـد. کـوچ با انعکـاس دقیـق آنچـه شنیده اسـت، بـه فـرد کمـک می‌کنـد تـا در آینـهٔ مکالمـه، خـود را شفاف‌تـر ببینـد.

پرسشگری مؤثر: سؤال‌هایی که ذهن را بیدار می‌کنند

برخلاف مشاوره کـه گاه پاسخ می‌دهـد، کوچینـگ بـا سـؤال کار می‌کنـد. امـا نـه هـر سـؤالی؛ سـؤالاتی کـه در را بـاز می‌کننـد، نـه قفـل را محکم‌تـر.

سؤالات در کوچینگ ابزار کشفاند:

سؤالات باز فرد را به تفکر وامی‌دارند؛

سؤالات کاوشگر لایه‌های پنهان باورها را بیرون می‌کشند؛

و **سؤالات هدایتی** تمرکز را بر اقدام نگه می‌دارند.

ایـن مهـارت از نظریـهٔ سـقراطی، رویکـرد راه‌حل‌محـور و مدل‌هـای روان‌شناسـی تحلیلـی الهـام می‌گیـرد. یـک سـؤال خـوب، مثـل نـوری در مـه، مسیـر را روشـن می‌کنـد، بـدون آنکـه آن را تعییـن کنـد.

ایجاد فضای اعتماد: خاکی که بذر تغییر در آن می‌روید

تغییـر بـدون امنیـت ممکـن نیسـت. ذهـن انسـان به‌طـور طبیعـی در برابـر ناشـناخته‌ها مقاومـت می‌کنـد. بنابرایـن کـوچ بایـد بتوانـد فضایـی ایجـاد کنـد کـه در آن مراجـع احسـاس پذیرفتـه شـدن، دیـده شـدن و ارزشمنـد بـودن داشـته باشـد — حتـی زمانـی کـه آسیب‌پذیـر اسـت یـا اشتباه

می‌کند. این فضا بر اساس اصل بی‌قضاوتی[1] و مفاهیم روان‌شناسی مثبت بنا شده است و باعث می‌شود رابطهٔ کوچ ـ مراجع به رابطه‌ای مبتنی‌بر اعتماد، اصالت[2] و پذیرش بی‌قیدوشرط تبدیل شود. تنها در چنین خاکی است که دانه‌های تحول جرئت جوانه زدن پیدا می‌کنند.

عمل به همراه تفکر: پلی میان آگاهی و اقدام

کوچینگ، برخلاف برخی رویکردهای صرفاً تحلیلی، بر حرکت از درک به اقدام تأکید دارد. آگاهی هرچند ضروری است، اما تا زمانی که به عمل منجر نشود، اثر تغییرپذیری کمتری خواهد داشت. در اینجا، کوچ به‌مثابهٔ تسهیل‌گرِ «ترجمهٔ بینش به قدم» عمل می‌کند. با کمک تکنیک‌های تعیین اهداف مانند اسمارت[3]، طراحی گام‌های اجرایی، بازخورد دادن، پیگیری و حمایت، کوچ کمک می‌کند تا فرد از دانستن عبور کرده، به انجام دادن برسد.

کوچ به‌مثابهٔ آینه، قطب‌نما و همراه

مهارت‌های کوچینگ فقط تکنیک نیستند، بلکه تجسمی از یک نگرش انسانی‌اند که فرد را توانمند، مسئول و در مسیر رشد می‌بینند. این مهارت‌ها کمک می‌کنند تا کوچ نه پاسخ‌دهنده، بلکه پرسشگر تحول، و نه رهبر مسیر، بلکه هم‌سفر در کشف آن باشد.

کوچینگ: مسیر رشد فردی در دنیای پیچیده و متغیر امروز

نقش مهارت‌های کوچینگ در فرایند تحول در جهانی که سرعت

1 Non-judgmental Presence
2 Authenticity
۳ در مدل SMART، هدف باید پنج ویژگی داشته باشد: باید مشخص باشد (Specific)، قابل اندازه‌گیری باشد (Measurable)، دست‌یافتنی باشد (Achievable)، با ارزش‌ها و اولویت‌های ما مرتبط باشد (Relevant) و زمان‌بندی مشخص داشته باشد (Time-bound).

تغییرات آن از توان تحلیل انسان پیشی گرفته است، بیش از هر زمان دیگر ضروری است. آیندهٔ کوچینگ، آیندهٔ بازگشت به اصالت انسان است:

جایی که آموزش دیگر فقط انتقال دانش نیست، بلکه تسریع رشدِ آگاهی است؛

جایی که مدیریت به رهبریِ تحول تبدیل می‌شود؛

جایی که موفقیت، نه صرفاً در دستاورد بیرونی، که در زیست اصیل و معنادار تعریف می‌شود.

کوچینگ می‌تواند چه در سطح فردی، چه در تیم‌ها و سازمان‌ها و چه در سطوح کلان‌تر اجتماعی، نقشی کلیدی در بازتعریف مفاهیمی چون موفقیت، رهبری، رضایت و خودشناسی ایفا کند. آیندهٔ کوچینگ، آینده‌ای انسانی‌تر، عمیق‌تر و معنادارتر است؛ زیرا اساس آن، کشف دوبارهٔ خویشتن است.

سخن پایانی

مولانا با نگاهی ژرف به جان انسان می‌گوید:

بیرون ز تو نیست هرچه در عالم هست
در خود بطلب هرآنچه خواهی که تویی[1]

این سخن تنها یک بیت شعر نیست، بلکه جوهره‌ای از حکمت هستی و عصارهٔ کوچینگ مدرن است.

کوچینگ دعوتی است به کشف خویشتن. نه ساختن یک نسخهٔ بهتر از خود بر مبنای استانداردهای دیگران، بلکه بازشناسی خود

---

۱ دیوان شمس، رباعی ۱۷۵۹

اصیـل؛ خویـشی کـه از یـاد رفتـه، امـا هرگـز خامـوش نشـده اسـت.

تحقیقـات در حـوزهٔ روان‌شناسـی مثبـت و علـوم اعصـاب نشـان داده‌انـد کـه انسـان‌ها زمانـی بیشـترین انگیـزه و پایـداری را بـرای تغییـر تجربـه می‌کننـد کـه تغییـر از درون نـاشی شـود، نـه بـه اجبـار بیرونـی. در ایـن معنـا، کوچینـگ راهـی اسـت به‌سـوی یادگیـری خودمحـور[1] کـه اسـاس آن خـودآگاهی، معناجویـی و پیونـد بـا منابـع درونـی ماننـد خـرد، شـهود و ارزش‌هاسـت.[2]

ایـن سـفر، سـفری بیـرون از نقشـه‌های قبلـی و مسیرهـای پیش‌فـرض اسـت؛ سـفری بـه عمـق تاریک‌تریـن و روشـن‌تریـن زوایـای وجـود؛ جـایی کـه ترس‌هـا، آرزوهـا، سـایه‌ها و نورهـا در هـم تنیده‌انـد. کوچینـگ در ایـن مسـیر مثـل چـراغی نیسـت کـه راه را نشـان دهـد، بلکـه ماننـد آینـه‌ای اسـت کـه چهـرهٔ واقعـی مـا را در سـکوت، بی‌داوری و عشـق بازتـاب می‌دهـد.

---

1 Self-directed Learning
2 Di Domenico, S. I; Ryan, R. M. (2017). The emerging neuroscience of intrinsic motivation: A new frontier in self-determination research. *Frontiers in Human Neuroscience*.

در خود بطلب
هرآنچه خواهی
که تویی

دربارۀ نویسنده

مرجـان شـمس، بـا مـدرک رسـمی از فدراسیـون بین‌المللی کوچینـگ، مـدرک کارشناسـی ارشد مدیریـت کسب‌وکار[1] و تخصص در حـوزۀ تحلیـل رفتـار متقابـل، شخصیت‌شناسـی و اتیکت‌هـای رفتـاری، مسیـر کوچینـگ را بـا نـگاهی عمیـق و انسـانی آغـاز کـرد. او افتخار گذرانـدن دورۀ شکوفایی را نـزد اسـتاد بـزرگی چـون دکتر شهاب انـاری داشـته اسـت و همچنان بـا شـور و اشـتیاق بـه یادگیـری ادامـه می‌دهد. امـا فراتـر از مدرک‌هـا و مهارت‌هـا، مسیـری اسـت کـه مرجان پیمـوده: سـفری درونـی و بیـرونی بـرای درک ژرف‌تـر انسـان، ریشـۀ رفتارهـای او و توانـایی دگرگون‌سـازی او از درون.

---

1   Master of Business Administration (MBA)

مرجـان، زنِ چندبُعـدیِ ایـن روایـت، هـم مـادر اسـت و هـم همسـر، و در عیـن زنـدگی خانـوادگی، معلمـی اسـت کـه بـا شـور و تعهـد، نـور یادگیـری را در دل تاریک‌تریـن نقطه‌هـای تردیـد روشـن می‌کنـد.

علاقـهٔ مرجـان بـه فلسفـه، روان‌شنـاسی، یـوگا و ذهن‌آگاهی، روحـش را بـه بـاغی پُـر از پرسـش‌های نـاب و سکوت‌های بیدارکننـده بـدل کـرده اسـت و عشقـش بـه نواختـن پیانـو و سـوارکاری، بـه او آموختـه اسـت کـه زنـدگی ترکیـبی اسـت از نظـم، ریتـم و رهـایی.

او بـاور دارد کـه انسـان خورشیـدی خامـوش نیسـت، بلکـه نـوری اسـت کـه گاه در هجـوم غبارهـا پنهـان می‌شـود.

کوچینـگ بـرای مرجـان فقـط یـک مهـارت نیسـت؛ یـک دعـوت اسـت، دعـوتی بـرای بازگشـت بـه خویشـتن، بـرای شـنیدن صـدای درون، و بـرای آغـاز حرکـتی نـو از قلبِ آگاهی.

مأموریـت او ایجـاد فضـایی بـرای تحـول آگاهانـه اسـت؛ جـایی کـه انسـان‌ها بتواننـد خویشـتن اصیـل را بازیابنـد، سـازمان‌ها بـا جـان انسـانی خـود دوبـاره زنـده شـوند و توسعـه دیگـر فقـط یـک واژهٔ مدیریـتی نباشـد، بلکـه بخـشی از زیسـت روزمـرهٔ مـا گـردد.

مرجـان پُـلی اسـت میـان خودشنـاسی و اثربخـشی، میـان درون‌نگـری و اقـدام حرفـه‌ای و میـان رؤیـای رشـد و واقعیت‌هـای ملمـوس زنـدگی.

راه‌های ارتباط با نویسنده:

✉ marjanshams۹۶۵@gmail.com
🌐 www.marjanshams.com
📷 Marjanshams

پایان انتظار

روایتی از تغییر، خودآگاهی
و قدرت انتخاب با کوچینگ

دنیس غریبیان

پایان انتظار

روایتی از تغییر، خودآگاهی و قدرت انتخاب با کوچینگ

دنیس غریبیان
مهندس عمران، کارآفرین در دنیای آنلاین و کوچ حرفه‌ای

گر مرد رهی، میان خون باید رفت
وز پای فتاده سرنگون باید رفت
تو پای به راه در نِه و هیچ مپرس
خود راه بگویدت که چون باید رفت[1]

زندگی بارها به من نشان داده است هرچقدر هم که قوی باشم باز هم مرا به زمین خواهد زد، اما من کسی نیستم که روی زمین بمانم. امروز که به گذشته نگاه می‌کنم احساس می‌کنم هر شکست، هر زمین خوردن و هر مسیری که به اشتباه رفتم باعث شد تا خودِ امروزم شوم. مسیر زندگی من پر از چالش و پستی و بلندی بود. درست زمانی که احساس کرده بودم برای آینده برنامه‌ریزی کرده‌ام، سربازی رفته‌ام، مهندس مشاور شده‌ام، پیشرفت کرده‌ام و رئیس دفتر فنی شده‌ام، ناگهان اولین چالش بزرگ زندگی‌ام را تجربه کردم. آن زمان زندگی من یک ستون محکم داشت: پدرم!

درس‌هایی که از پدرم آموختم

پدرم چهار سال بیشتر نداشت که پدرش را از دست داد. مادرش با کار کردن در خانهٔ دیگران او را بزرگ کرد. او با وجود سختی‌ها و

---

۱ عطار نیشابوری

مشکلات مـالی، توانسـت مدرسـه را بـه اتمـام برسـاند. دیپلـم حسـابداری گرفـت و مشـغول بـه کار شـد. بعـد از ازدواج، زنـدگی خـودش را سـر و سـامان داد و در رشـتۀ مدیریـت پـروژه مشـغول بـه کار شـد. پدرم مـردی کم‌حـرف امـا متفکـر بـود و همیشـه دیگـران را در اولویـت قـرار می‌داد. او همیشـه آمـاده بـود کـه بـا جـان و دل بـه دیگـران کمـک کنـد. بـا رفتارهـا و حرف‌هایـش، درس‌هـای بسـیاری بـه مـن و خواهـرم داد و جایـگاه خـاصی در زنـدگی مـا داشـت. شـاید ثـروت زیـادی نداشـت، امـا نگـرش و منشـی ثروتمندانـه داشـت. در رفتـار و منـش خـود همیشـه متانـت خـاصی داشـت و همیشـه مـرا در راه علـم و یادگیـری همـراهی می‌کـرد. پـدرم راهنمـای مـن بـود و درس‌هـا و تجربه‌هـای زیـادی را بـه مـن منتقـل کـرد. او قـوت قلـب خانـواده بـود. درسـت در همـان لحظـه کـه احسـاس می‌کـردم قـرار اسـت دنیـا بـه همیـن منـوال پیـش بـرود، آن روز کـذایی رسـید. دسـتی را کـه فکـر می‌کـردم قـرار اسـت تـا آخـر عمـر دسـتم را بگیـرد، کسـی را کـه فکـر می‌کـردم قـرار اسـت تـا آخـر عمـر بـه او تکیـه کنـم، از دسـت دادم. آن روز درسـی بسـیار گران‌بهـا آموختـم: «هیچ‌چیـز در ایـن دنیـا ثبـات نـدارد و بـه چشـم بـر هـم زدنی مسـیر زنـدگی عـوض می‌شـود.» روزگار کسـی را از فقـر بـه پادشـاهی و دیگـری را از پادشـاهی بـه فقـر می‌رسـاند. مـن از داشـتن پـدری همه‌چیزتمـام، بـه یتیمـی رسـیدم. آنجـا بـود کـه معنـای حـرف پـدرم را فهمیـدم کـه بزرگـی بـه سن‌وسـال نیسـت. پدرم همیشـه بـه مـن می‌گفت بایـد بـزرگ بـودن را یـاد بگیـرم و در تمـام زنـدگی از آن اسـتفاده کنـم. مـن یک‌شـبه بـزرگ شـدم! شـب قبـل پسـربچه‌ای نازپـرورده بـودم و صبـح مـرد خانـواده!

وقتی فـردی کـه سـتون زنـدگی‌ات بـود ناگهـان از میـان بـرود، دنیـا نـه فقـط تیـره و تـار، بلکـه ناآشـنا می‌شـود. امـا در دل همیـن ناپایـداری

درس‌هایی نهفته است کـه شـاید هیـچ مدرسـه‌ای نتوانـد آن را آمـوزش دهـد. از دسـت دادن، اگرچـه دردنـاک اسـت، می‌توانـد آغازگـر رشـد باشـد. شـاید ایـن تجربـهٔ تلـخ همـان لحظـه‌ای بـود کـه درونـم متولـد شـد؛ بـا نـگاهی تـازه، بـا درکی عمیق‌تر از پـدر، از زنـدگی، و از معنـای بـزرگ شـدن.

طرحی برای یک رؤیا

از دسـت دادن ایـن گنـج گران‌بها مسیر زنـدگی مـرا دچـار تحول کـرد. در جایگاهی قـرار گرفتـم کـه اصلاً انتظـارش را نداشـتم. تحمل ایـن شـوک بـزرگ بـرای خواهـرم دشـوارتر بـود. حـالا بایـد علـاوه بـر اینکـه خـودم غـم سـنگین فقـدان پـدر را بـه دوش می‌کشـیدم، بـه خواهـرم هـم کمـک می‌کـردم تـا درسـش را رهـا نکنـد و بـرای مـادرم سـرپناهی می‌سـاختم. وقتـی شـرایطم مرتـب شـد، تصمیـم بـزرگی گرفتـم: «اگـر قـرار اسـت از صفـر شـروع کنم بایـد مهاجـرت کنـم. بایـد از ایـن محیـط خـارج شـوم.» بایـد بـه ایـن سـؤال جواب می‌دادم کـه می‌خواهـم چـه کسـی باشـم؟ سـختی‌های زیـادی در انتظـارم بـود. مـدت زیـادی طـول کشـید تـا توانسـتم مقدمات زنـدگی را فراهـم سـازم. کارم را آغـاز کـردم و قـدم بـه قـدم، کارهـای مختلفـی را انجـام دادم تـا بالاخـره بعد از دو سـال زحمـت و تلـاش توانسـتم بـه ثبات برسـم. چند مـدرک معتبر گرفتـم و وارد فصـل جدیـدی از زنـدگی شـدم: مهندسـی در کشـوری جدیـد. در ایـن مسـیر پیشـرفت کـردم و مدیـر شـدم. مـدتی هـم سرپرسـت مجموعـه بـودم. ایـن نقطه در مقایسـه بـا نقطـهٔ آغازیـن، پیشـرفت قابل‌توجهـی بـود. اینترنت بـرای مـن دنیـایی بـزرگ و سـکوی پرتابـی بود کـه احسـاس می‌کـردم بـا کمک آن می‌توانـم خـودم را بـه افـراد زیـادی معرفی کنـم. سـودها و زیان‌هـای ایـن بـازار و بـالا و پاییـن رفتـن آن بـه مـن درس‌هـای بسـیاری داد.

مهاجـرت همیشـه فقـط جابه‌جـایی فیزیکـی نیسـت؛ گاهی مهاجـرت کـوچ

کـردن از گذشـته‌ای پـر از درد، وابسـتگی و ناامیـدی بـه آینـده‌ای مبهـم اما پـر از امـکان اسـت. در لحظه‌هایـی کـه زمیـن زیـر پایمان می‌لـرزد، ناگهـان صدایـی در درونمان می‌پرسـد: «می‌خواهـی چـه کسـی باشـی؟» همیـن سـؤال سـاده می‌توانـد نقطـهٔ عطفـی شـود بـرای شـروعی نـو. در مسـیر مهاجـرت و سـاختن دوبـارهٔ خـود، گاهـی تنهـا سـرمایه‌ات «یـاد» کسـانی اسـت کـه دیگـر نیسـتند و «بـاور» تـو بـه توانایـی خـودت.

نقطهٔ عطف زندگی من

بـا ازدواج، مرحلـهٔ جدیـدی در زندگـی مـن آغـاز شـد و تولـد پسـرم مـرا در مسـیری تازه‌تـر قـرار داد. در ایـن مرحلـه احسـاس کـردم پسـرم میوهٔ زندگـی مـن اسـت و بایـد او را پـرورش دهـم، امـا بیمـاری پسـرم ماننـد طوفانـی زندگی‌مـان را درنوردیـد و تمـام تمرکـز و انـرژی مـرا از بیـن بـرد. ایـن اتفـاق زمانـی رخ داد کـه هیچ‌کـس انتظـارش را نداشـت، حتـی خـودم. سـختی‌های ایـن دوره از مـن انسـانی سـاخت کـه همـدردی آموختـه بـود، یـاد گرفتـه بـود صبـور باشـد و اوج غـم را دیـده بـود. نمی‌خواهـم وارد جزئیـات شـوم، امـا ایـن دوره از زندگی‌ام بـه مـن آموخـت کـه گاهـی بایـد ایسـتاد و بـه خـود و زندگـی زمـان داد. بـا بهبـود حـال فرزنـدم، تصمیـم گرفتـم دوبـاره بـا همراهـی و حمایـت بی‌قیدوشـرط همسـرم، مسـیر جدیـدی را در پیـش بگیـرم. بـا بهبـودی پسـرم، سـفری درونـی را آغـاز کـردم کـه امـروز آن را مسـیر کوچینـگ[1] درونـی می‌نامـم؛ سـفری همـراه بـا تأملـی عمیـق، هدفـی نـو، و تعهـدی آگاهانـه بـه رشـد فـردی. در زمـان بیمـاری فرزنـدم، روزهایـی را پشـت سـر گذاشـتیم کـه فشـارهای روانـی، احسـاسی و حتـی جسـمی طاقت‌فرسایـی بـر مـا وارد

---

1 Coaching

می‌شد. امروز که به آن روزها نگاه می‌کنم، باور دارم آن بحران، نقطهٔ عطفی برای شکل‌گیری نسخه‌ای جدید از من بود. در مسیر بازسازی، با شناخت عمیق‌تری از خودم مواجه شدم؛ توانایی‌هایی را که هرگز نمی‌دانستم دارم، و باورهای محدودکننده‌ای را که مرا عقب نگه داشته بودند، دوباره مرور کردم و به درک تازه‌ای از ترس‌هایی رسیدم که بی‌صدا مانع پیشرفتم شده بودند: ترس از شکست، ترس از موفقیت، و از همه مهم‌تر، ترس از اعتماد به خود. در دل با خودم می‌گفتم: «نکند دوباره شکست بخورم؟ اصلاً گیریم که موفق شوم؛ آیا واقعاً لیاقتش را دارم؟» این گفت‌وگوهای درونی به من آموخت که اغلب نه خود مسئله، بلکه تردید ما در تصمیم‌گیری، که ریشه در همان باورهای محدودکننده دارد، ما را از رشد بازمی‌دارد. در این نقطه از زندگی پذیرفتم که باید تغییر کنم. درست مثل بیماری که در مرحلهٔ اول دست به انکار می‌زند و سپس می‌پذیرد و این گام نخست در فرایند درمان است. من آموختم باید بپذیرم که می‌توانم با تمام ترس‌ها و تردیدهای خودم مقابله کنم. این نقطهٔ شروعی برای خلق بود؛ نقطهٔ آغازی برای ترسیم رؤیای دیرینهٔ خودم: کمک به دیگران. کمک به خواهرم برای ادامهٔ تحصیلش و همراهی بیماران در دورهٔ بیماری فرزندم خواستهٔ قلبی‌ام را آشکار کرد: چه سعادتمند هستند افرادی که می‌توانند تأثیرگذار باشند و کاری دارند که آن را می‌پرستند. یک بار در یکی از جلسات مشاوره به یکی از مراجعانم گفتم: «کاری را انتخاب کن که نه فقط برای حقوق و دستمزد، بلکه برای رضایتمندی درونی آن را انجام دهی. اگر کاری را انجام دهی که دوست نداری، شاید درآمد مناسبی داشته باشی، اما این درآمد را باید صرف پر کردن خلأهایی بکنی که در زندگی داری. اما اگر

شـغلی داشـته بـاشی کـه آن را دوسـت داری، عشـق بـه کار تمـام خلأهـای وجـودت را پـر می‌کنـد و احسـاس می‌کنـی در جایـگاه درسـتی هسـتی.»

وقتی ایستادن، شروعی دوباره است

بـرای رسـیدن بـه رؤیـای دیرینـه‌ام، دوبـاره شـروع بـه یادگیـری مهارت‌هایـی کـردم کـه مـرا بـه هـدف اصلـی‌ام برسـاند. مهارت‌هـای ارتباطـی، بازاریـابی و مهارت‌هـای فـروش را آموختـم و سـعی کـردم در کنـار کسـب اطلاعـات، انـدک درآمـدی هـم کسـب کنـم. در ایـن مسـیر بـا افـراد سرشـناس زیـادی آشـنا شـدم؛ افـرادی ماننـد برایـان تریسـی[1]، تونی رابینـز[2] و دیـن گری‌زیوسـی[3]. همچنیـن راه‌هـای تفکـر مثبـت، اسـتفاده از قـدرت درون و هدف‌گـذاری از نـکات واقعـاً مهمـی بـود کـه یـاد گرفتـم و خوشـحالم کـه می‌توانـم آن‌هـا را بـا دیگـران بـه اشـتراک بگـذارم و بـه بقیـه هـم کمـک کنـم.

گاهی بحران‌هایـی کـه مـا را از پـا می‌اندازنـد، دقیقـاً همـان فرصت‌هایـی هسـتند کـه مـا را از نـو می‌سازنـد. دردهایـی کـه بـا گوشـت و اسـتخوان لمس‌شـان کرده‌ایـم، می‌تواننـد بـه بـذر آگاهـی بـدل شـوند؛ بـه شـرط آنکـه از آن‌هـا فـرار نکنیـم، بلکـه در دل آن‌هـا معنایـی بیابیـم.

گفت‌وگـوی درونـی بـا ترس‌هـا، شک‌هـا و باورهـای محدودکننـده، شـاید تلـخ بـاشد، امـا آغـازی اسـت بـر رهایـی. آن لحظـه‌ای کـه بـا خـودت روراسـت می‌شـوی و از خـودت می‌پرسـی «مـن واقعـاً چـه کسـی هسـتم و می‌خواهـم بـه چـه کسـی تبدیـل شـوم؟» دقیقـاً همـان نقطـه‌ای اسـت کـه رشـد آغـاز می‌شـود.

---

1 Brian Tracy
2 Tony Robbins
3 Dean Graziosi

آغاز یک تغییر

نقطهٔ عطف مسیر یادگیری من، آشنایی با دکتر شهاب اناری بود. شناخت ایشان دورهٔ جدیدی را در زندگی من آغاز کرد؛ من وارد مرحلهٔ جدیدی شدم که سال‌های عاشقانه انجام می‌دادم اما نمی‌توانستم آن را با کلمات توصیف کنم. بالا و پایین رفتن زندگی به من آموخت که زندگی همیشه در حال تغییر است، اما گاهی اوقات برای پذیرش این تغییرات به راهنما، دانش و ابزارهای مناسب نیاز داریم. زمانی که برای اولین بار با مفهوم کوچینگ آشنا شدم، احساس کردم که دری به دنیایی جدید گشوده‌ام. کوچینگ نه‌تنها یک مهارت، بلکه رویکردی تازه برای درک بهتر خود، دیگران و مسیر زندگی بود. کوچینگ برای من فقط یک حرفه نبوده و نیست، بلکه فرصتی است برای معنا بخشیدن به تجربه‌ها و تبدیل درد به آگاهی. من با اشتیاق تمام شروع به یادگیری این علم کردم، زیرا می‌دانستم این مهارت تأثیری غیرقابل‌انکار بر رشد شخصی و حرفه‌ای من خواهد داشت. در ابتدا کوچینگ برای من مجموعه‌ای از تکنیک‌ها بود، اما جلوتر که رفتم، دریافتم که این سفری درونی است که باید در آن افکار و باورهای محدودکنندهٔ خود را شناسایی و الگوهای ذهنی‌ام را اصلاح کنم. آموختم که چگونه با ایجاد چشم‌اندازی روشن برای زندگی‌ام، مسیر موفقیت را هموار سازم. این آگاهی‌ها باعث شد تا تغییرات مثبت در زندگی شخصی و حرفه‌ای‌ام ایجاد شود. با گذراندن دوره‌های آموزشی مختلف و شرکت در کارگاه‌های عملی، نه‌تنها مهارت‌های کوچینگ را در خود تقویت کردم، بلکه توانستم این دانش را با دیگران نیز به اشتراک بگذارم. اکنون با تمام وجودم این مسیر را طی می‌کنم؛ با شوقی وصف‌ناشدنی و با آرزوی این که

بتوانـم الهام‌بخـش کسـانی باشـم کـه در مسیرهـای مشـابه قـدم می‌زننـد. مـن در پروژه‌هـای متعـددی شـرکت کرده‌ام کـه هـدف آن‌هـا کمـک بـه افـراد بـرای شـناخت بهتـر خـود، غلبـه بـر موانـع درونـی و دسـتیابی بـه اهدافشـان بـود. هـر بـار کـه می‌دیـدم فـردی بـا کمـک کوچینـگ مسـیر جدیـدی در زندگی‌اش پیـدا می‌کنـد، انگیـزه‌ام بـرای ادامـه دادن ایـن مسـیر بیشـتر می‌شـد. یکـی از مهم‌تریـن بخش‌هـای ایـن سـفر، مشـاهدهٔ تغییـرات عمیقـی بـود کـه در افـراد مختلـف ایجـاد می‌شـد؛ بـرخی از آن‌هـا بـرای اولیـن بـار بـا اسـتعدادهای پنهـان خـود آشـنا می‌شـدند، بـرخی دیگـر یـاد می‌گرفتنـد کـه چطـور موانـع ذهنی‌شـان را پشـت سـر بگذارنـد و بـرخی دیگـر اعتمادبه‌نفـس لازم بـرای حرکـت به‌سـوی اهدافشـان را بـه دسـت می‌آوردنـد. دیـدن ایـن تحـولات، احسـاس رضایـت و شـادی عمیقـی را در مـن ایجـاد می‌کـرد.

تغییـر نـه همیشـه آسـان اسـت و نـه همیشـه سـریع. گاهی حتـی سـخت‌ترین لحظـات، پربارتریـن تحـولات را در دل خـود دارنـد. امـا آنچـه تغییـر را ممکن می‌سـازد، تنهـا اراده نیسـت، بلکـه پذیـرش، آگاهـی و توانایـی سـازگاری بـا آن تغییـرات اسـت و بـرای ایـن کار بایـد تغییـر بـه بخشـی از زندگی‌ات تبدیـل شـود. کوچینـگ بـرای مـن تغییـری بـود کـه بخشـی از سـبک زنـدگی مـن شـد. سـبکی کـه بـر پایـهٔ آگاهـی، رشـد و کمـک بـه دیگـران بنا شـده بـود. ایـن مسـیر نه‌تنهـا بـه مـن کمـک کـرد تـا بـه فـردی بهتـر تبدیـل شـوم، بلکـه باعث شـد بتوانـم در زنـدگی دیگـران نیـز تأثیرگـذار باشـم. بارهـا و بارهـا می‌خواسـتم بـه اطرافیانـم کمـک کنـم و دسـت دوسـتی بـه سمتشـان دراز کـرده بـودم، امـا فاقـد دانـش، تجربـه و مهـارت لازم بـودم. پـس از آشـنایی بـا کوچینـگ، مهـارت، دانـش و تجربـهٔ حرفه‌ای را آموختـم، شـروع بـه گـردآوری کتاب‌هـا

کـردم، مطالعـه کـردم و روز بـه روز بیشـتر آموختـم تـا بهتر بتوانم بـه دیگران یاری برسـانم.

زندگی را نمی‌توان به دست سرنوشت سپرد

زنـدگی را نمی‌تـوان بـه دسـت سرنوشـت سـپرد. کوچینگ مسیر زنـدگی مرا تغییـر داد و در سـفر درونی خـودم دریافتـم کـه نبایـد منفعل مانـد و منتظر رسیـدن زمـان مناسـب بـود. کوچینـگ به من یـاد داد کـه می‌توان بـا باور به توانایی‌هـای درونی، مسیرهـای ممکـن و احتمـالی را دید و با قـدرت انتخاب، در راه مـورد نظـر قـدم گذاشـت. فراینـد کوچینـگ نه‌تنهـا باعث خـودآگاهی می‌شـود، بلکـه کمـک می‌کنـد ملزومات قـدم اول را بشـناسیم و با برداشـتن قدم‌هـای کوچـک، امـا مسـتمر، حـتی طولانی‌تریـن مسیرهـا را طی کنیم.

دوسـت دارم ایـن آموختـه‌هـا را بـا تمـام کسـانی کـه هنـوز در انتظارنـد بـه اشـتراک بگذارم؛ کسـانی که باید بدانند کنترل کشـتی سرنوشـت در دسـتان خودشـان اسـت. سـال‌ها منتظر بودم: شـرایط بهتـر، موقعیت شـغلی ایده‌آل، زنـدگی راحت‌تـر... امـا آن لحظـه هیـچ‌گاه فرانرسیـد. همان‌طـور کـه برایـان تریـسی می‌گویـد: «بسیـاری از مـا در خیابـانی ایسـتاده‌ایم و منتظریم سـوار اتوبـوس شـویم، غافـل از اینکـه اصـلاً اتوبـوسی از آن خیابـان عبـور نخواهـد کـرد!»[1] بـرای رسیـدن بـه اهداف بایـد مسیر درسـت را بسـازیم.

کوچینـگ بـرای مـن ابـزاری قدرتمنـد بـود کـه توانسـتم بـا آن بـه صدهـا نفـر کمـک کنـم تـا زندگی‌شـان را تغییـر دهنـد. هـر انسـانی آرزوهـایی دارد کـه شـاید در ابتـدا دور از دسـترس بـه نظـر برسـند، امـا بـا تـلاش، پشـتکار و ایمـان بـه خـود می‌توانـد آن‌هـا را بـه واقعیـت تبدیـل کنـد. مـن

1 Sikiru, S. (2014). *Brian Tracy Quotes: 500 Inspirational and Motivational Quotes by Brian Tracy*. Amazon Kindle Direct Publishing.

هم آرزویی داشتم: نویسندگی و فعالیت در حوزهٔ کوچینگ، و امروز، با افتخار می‌گویم که در مسیر رؤیاهایم قدم گذاشته‌ام.

اما این مسیر آسان نبود. بسیاری همچنان باور دارند که سرنوشت چیزی از پیش تعیین‌شده است و باید منتظر بمانیم تا ببینیم چه پیش می‌آید، اما واقعیت این است که هیچ‌کس قرار نیست زندگی ما را تغییر دهد، مگر خودمان. یادگیری، چه از طریق کتاب، چه پادکست و چه دوره‌های آموزشی، زمانی معنا پیدا می‌کند که به اقدام منتهی شود. بسیاری آموخته‌اند، اما هیچ‌گاه حرکت نکرده‌اند. دانشی که به عمل نرسد، تنها باری ذهنی است که ما را از حرکت بازمی‌دارد.

اگر به برنده‌های موفق دنیا نگاه کنیم، می‌بینیم که پشت هر موفقیت، فردی بوده که برخلاف انتظار، خودش مسیر را ساخته؛ بارها اشتباه کرده، زمین خورده و بازایستاده است. منتظر فرصت جادویی نمانده، بلکه با هر گام اشتباه، از مسیر یاد گرفته است.

بیایید ما نیز منتظر نمانیم. آینده را دیگران برای ما نمی‌سازند؛ این خود ما هستیم که با انتخاب‌ها، تصمیم‌ها و اقدام‌هایمان سرنوشتمان را شکل می‌دهیم. اگر رؤیایی دارید، همین حالا قدمی هرچند کوچک بردارید. مهم نیست مسیر چقدر دشوار باشد؛ مهم این است که آغاز کنید. در این مسیر چالش‌هایی وجود دارند، اما هر مانع فرصتی برای رشد است. اگر به راهتان ایمان داشته باشید، به مقصد خواهید رسید. امروز من نه‌تنها در مسیر آرزوهایم قدم برمی‌دارم، بلکه این پیام را با دیگران نیز به اشتراک می‌گذارم:

شما قهرمان زندگی خود هستید. زندگی‌تان را همان‌طور که می‌خواهید بسازید. سرنوشت در دستان شماست؛ همین امروز شروع کنید!

اگـر در مسیـر تغییـر بـه راهنمـایی نیـاز داریـد، کوچینـگ می‌توانـد چـراغ راهتـان باشـد. ایـن فراینـد بـه شـما کمـک می‌کنـد تـا بـا شـفافیت، قـدرت انتخـاب و دانـش، مسیـر زندگی‌تـان را آگاهانـه بسـازید.

پایان انتظار
روایتی از تغییر، خودآگاهی و قدرت انتخاب با کوچینگ

دربارهٔ نویسنده

دنیـس غریبیـان یـک کـوچ هدفمنـد، کارآفریـن باتجربـه و مهنـدس متخصـص اسـت کـه بـا رسـالتی روشـن بـه پیـش مـیرود: توانمندسـازی افـراد بـرای ایجـاد تحـول در زندگـی، ارتقـاء ذهنیـت و دسـتیابی بـه موفقیـت واقعـی در عصـر دیجیتـال. دنیـس، بـا بیـش از ۱۵ سـال تجربـهٔ عملـی درزمینـهٔ کسبوکار، کوچینـگ و مهنـدسی، راهنمـای قابـل اعتمـادی اسـت بـرای افـرادی کـه آمادهانـد بـه پتانسیـل واقعـی خـود دسـت یابنـد.

دنیـس متولـد ایـران و سـاکن لسآنجلـس اسـت. او بـا ذهنـی بینالمللـی و تجربـهای غنـی، پـس از مهاجـرت بـه آمریـکا در سـال ۲۰۰۶، مـدارک مهنـدسی عمـران و طراحـی بـرق را بـا خـود بـه همـراه آورد، امـا فراتـر از

مـدرک، اشـتیاقی عمیـق بـرای تأثیرگـذاری مثبـت بـر زنـدگی دیگـران در دل داشـت. مسیر ورود او بـه دنیای کسبوکار آنلایـن در سـال ۲۰۰۸ و از طریـق پلتفرمهـای مختلـف آغـاز شـد؛ جایـی کـه قـدرت آزادی دیجیتـال و برندینـگ شـخصی را عمیقـاً درک کـرد.

امـا ایـن مسیـر همیشـه آسـان نبـود. تجربیـات اولیـهٔ دنیـس بـه او آموخت کـه موفقیـت تنهـا بـا ابـزار بـه دسـت نمیآیـد، بلکـه نیازمنـد آمـوزش کامـل، وضـوح درونـی و تعهـد بیوقفـه اسـت. در سـال ۲۰۲۲، پـس از سـالها جستوجو، او یـک سیسـتم کسـبوکار بـر پایـهٔ ارزشها را کشف کـرد کـه نهتنهـا رشـد شـخصی، بلکـه توسعهٔ حرفـهای مقیاسپذیـر را نیـز ارائـه میـداد. ایـن کشـف بـه نقطـهٔ عطفـی در مسیـر جدیـد زندگـی و کوچینـگ او تبدیـل شـد.

امـروز، دنیـس بهعنـوان یکـی از افـراد مـورد احتـرام در حـوزهٔ کوچینـگ و کسـبوکار دیجیتـال شـناخته میشـود؛ فـردی کـه پیشزمینـهٔ فنـی خـود را بـا هـوش هیجانـی عمیـق و بینـش معنـوی ترکیـب کـرده اسـت. او بهعنـوان یـک کـوچ حرفـهای و پیـرو استانداردهای فدراسیون بینالمللـی کوچینـگ[1]، بـر توسعـهٔ ذهنیـت، طراحـی مسیـر زندگـی، انضبـاط فـردی و هدفگـذاری اسـتراتژیک تمرکـز دارد. روش منحصربهفـرد او، کوچینـگ عملکـرد بـالا را بـا سیسـتمهای بازاریـابی نویـن ترکیـب میکنـد تـا بـه مراجعانـش کمـک کنـد کسـبوکارهایی سـودآور، مقیاسپذیـر و مبتنیبـر هـدف بسـازند.

دنیـس بهعنـوان منتـور و راهنمـای خدمتگـرا بـاور دارد کـه **موفقیـت واقعـی در ایـن نیسـت کـه بهتنهایـی چـه چیـزی بـه دسـت**

---

1   International Coaching Federation (ICF)

می‌آوری، بلکه در این است که چند نفر را در مسیرت بالا می‌بری. چه در جلسات آموزشی، چه در کوچینگ فردی و چه در تولید محتوای تأثیرگذار در شبکه‌های اجتماعی، مأموریت دنیس یکی است: بیدار کردن بزرگی درون دیگران و کمک به آن‌ها برای داشتن یک زندگیِ همراه با معنا، آزادی و تأثیرگذاری.

دنیس پدری است که فرزندش به او افتخار می‌کند. او به سه زبان فارسی، انگلیسی و ارمنی مسلط است و به ایمان، مهربانی و استقامت باور دارد. شعار همیشگی او در زندگی شخصی و حرفه‌ای‌اش «با هم مهربان باشیم» است که بازتابی از سبک رهبری و قلب خالص اوست.

دنیس از طریق برنامه‌های کوچینگ، جلسات و آموزش‌های زنده از تمامی اقشار، اعم از حرفه‌ای‌ها، والدین، افراد خلاق و کارآفرینان آینده، دعوت می‌کند تا از محدودیت‌ها فراتر روند، با اعتمادبه‌نفس برخیزند و با جسارت پا به مسیری بگذارند که در پایان آن به بهترین نسخهٔ خودشان تبدیل شوند.

راه‌های ارتباط با نویسنده:

www.DennisGharibianCoaching.com
Info@DennisGharibianCoaching.com
Dennis Gharibian
+۱ (۸۱۸) ۶۴۹ ۴۹۶۳
+۱ (۸۱۸) ۴۶۴ ۶۰۶۶

نجوای جان

گویا غیاثی

نجوای جان
گویا غیاثی
کوچ کشف هدف وجودی

پرده‌پرده، آن‌قَدَر از هم دریدم خویش را

تا که تصویری ورای خویش دیدم خویش را

خویشِ خویشِ من مرا و هرچه «من»ها بود، سوخت

کشتم آن خویش و ز خاکش پروریدم خویش را[1]

نــور آفتـاب از پنجـرهٔ بــزرگ پشـت سـرم بـه درون می‌تابیـد، روی آینـه منعکس می‌شـد و کتـاب قطـور **اصــول زیبایی‌شناسی**[2] را کـه در مقابلـم بـاز بـود، بـه نقشـه‌ای پیچیـده و پُـر رمـز و راز شـبیه می‌کـرد. بـا وجـود ممنوعیت مطالعـه در کلاس‌هـای عملـی، پنهانـی پشـت آینـه می‌نشسـتم و کتـاب را مـرور می‌کـردم؛ چـرا کـه یادگیـری زبـان و داشـتن مـدرک ایـن حرفـه برایـم مهم‌تـر از مهارت‌هایـی بـود کـه سـال‌ها در آن‌هـا ورزیـده شـده بـودم. تصـور امتحـان دادن بـه زبانـی ناآشـنا دلـم را آشـوب می‌کـرد.

آن روز نیـز، پـس از پایـان کار عملـی، فرصتـی کوتـاه بـرای ادامـهٔ مطالعـه یافتـم. در فضـای معمولـی کلاس، همـه سـرگرم کار خـود بودنـد، تـا آن لحظـهٔ غیرمنتظـره کـه در بـاز شـد و دو مدیر کالـج، بـا ظاهـری آرام امـا نگاهـی نگـران، وارد شـدند. لحظـه‌ای همه‌چیـز در سـکوت فرورفت و نگاه‌هـا بـه آنـان دوختـه شـد. یکـی از آن‌هـا بـا صدایـی آرام امـا قاطـع اعـلام کـرد: «بـه دلیـل شـیوع ویـروس کوویـد، کلاس‌هـا تعطیـل اسـت. لطفـاً هرچـه سـریع‌تر کالـج را تـرک کنیـد.»

---

۱ معینی کرمانشاهی

2 Cosmetology

فضا پـر از همهمـه شـد. دانش‌آمـوزان بـا عجلـه وسایلشـان را در کمدهـا گذاشـتند و بـه امیـد بازگشـتی زودهنگام، کلاس را تـرک کردنـد. امـا مـن بی‌درنـگ همه‌چیـز را جمـع کـردم و در ماشیـن گذاشتـم. صدایـی در ذهنـم زمزمـه می‌کـرد: «ایـن تعطیـلات موقتـی نیسـت.»

در دل جـادۀ پیـشِ رو کـه بی‌انتهـا می‌نمـود، اندیشـه‌های هولنـاک رهایـم نمی‌کردنـد. بیمـاری عجیـب دیگـر یـک شـایعه نبـود؛ واقعیتـی بـود هـراس‌آور و مرگبـار کـه سـایه‌اش را در یـک قدمـی حـس می‌کـردم. امـا ایـن تـرس غریبـه نبـود؛ بارهـا طعـم آن را در چرخـش روزگار چشیـده بـودم. گذشـته در چشـم‌برهم‌زدنـی از مقابلـم گذشـت.

طنین تاب‌آوری

نوزده‌ساله بـودم کـه بـه جبـر جامعـه، گام در ازدواجـی سـنتی نهـادم. جامعـه‌ای کـه به‌دلیـل باورهایـم، حتـی فرصـت ادامـۀ تحصیـل را هـم از مـن دریـغ می‌کـرد. تفاوت‌هـای میـان دو خانـواده باعـث شـد کـه آرام‌آرام از «مـن» فاصلـه بگیـرم و در انتظـارات دیگـران گـم شـوم. بـا این‌حـال، تصویـر آن دختـرک خیال‌پـردازِ پرشـوری را کـه می‌خواسـت روزی انسانـی مؤثـر در ایـن جهـان باشـد، در گوشـه‌ای از قلبـم حفـظ می‌کـردم. پـس از مدتـی، بـرای بازیابـیِ خـود، دسـتیابی بـه آرامـش و پیونـدی دوبـاره بـا اجتمـاع، تصمیـم گرفتـم آرایشـگری بیامـوزم. شـروع بـه کار در ایـن حرفـه امـا برایـم مشکل‌سـاز شـد؛ چـرا کـه در آن روزگار، زن بـودن و طلـب اسـتقلال، خـود میـدان نبـردی خامـوش بـود.

دیـری نپاییـد کـه جهـان نقـش مـادری را بـه مـن سـپرد، درحالی‌کـه هنـوز قدمـی در راه شـناخت خـود، ارزش‌هـا و رؤیاهایـم برنداشـته بـودم و در میانـۀ پرسش‌هایـی بی‌پاسـخ، گیـج و مبهـوت بـودم، تـا آن روز کـه

ناگاه نگاهم به چشمان روشن فرزندم گره خورد؛ نگاهی لبریز از معصومیت و اعتماد. در آن لحظه، ندایی در جانم پیچید: «این نگاه‌های پرسشگر و امیدبخش دلیلِ زندگی من‌اند. این چشم‌ها نوری خواهند شد در دل تاریکی‌های این جهان.»

پس با تمام دشواری‌ها دل به کار و زندگی سپردم. گام‌به‌گام، با تردید و امید پیش می‌رفتم که در آستانهٔ کمی تعادل، زندگی تغییر مسیر داد...

مهرماه ۱۳۸۹، هنگام ثبت‌نام پسرم در کانون زبان انگلیسی، تبلیغی رنگارنگ توجهم را جلب کرد: «قرعه‌کشی گرین‌کارت آمریکا». چیزی درباره‌اش نمی‌دانستم. نظر شوهرم را پرسیدم. با نگاهی شیطنت‌آمیز گفت: «شرکت کن. ما که همیشه خوش‌شانس بودیم!» فرم را پر کردم؛ بی‌خبر از اینکه گاهی ساده‌ترین انتخاب‌ها، بزرگ‌ترین تغییرها را رقم می‌زنند. چند ماه بعد، در کمال ناباوری، تماس عجیبی دریافت کردیم؛ ما برنده شده بودیم! آنچه در ابتدا به شوخی می‌مانست، به جدی‌ترین چالش زندگی‌ام تبدیل شد. منی که تا آن روز حتی لحظه‌ای به مهاجرت فکر هم نکرده بودم، حالا باید انتخاب می‌کردم: ماندن در سرزمینی که در آن ریشه‌ای عمیق داشتم، یا رفتن به کشوری که شاید آینده‌ای مطمئن‌تر برای فرزندانم رقم می‌زد. در شوک آن خبر بودم که هنگام پایین آمدن از آخرین پلهٔ یک فروشگاه، پایم پیچ خورد، چنان‌که از شدت درد همان‌جا بیهوش شدم. پای راستم در رفته بود و باید چهار هفته در گچ می‌ماند. دلم می‌خواست فریاد بکشم، اما نمی‌دانستم این درد تنها پیش‌درآمد رنج‌هایی است که پیشِ رو دارم!

در آن نیمه‌شب ابریِ بهمن‌ماه ۲۰۱۰، درحالی‌که با سنگینیِ گچ پایم دست‌وپنجه نرم می‌کردم، زنگ در سکوت شب را شکست. خبر ناگهانیِ مرگ برادر جوان همسرم، همچون پتکی سنگین بر سر خانواده فرود آمد. غمی سهمگین همه‌چیز را فراگرفت؛ گویی سرنوشت می‌خواست تلخیِ رفتن و از دست دادن را هم‌زمان به ما بیاموزد. در آن روزها، باور داشتم که رفتن منطقی نیست و همسرم باید در کنار خانواده‌اش بماند. این فکر کمی آشوبِ درونم را آرام می‌کرد؛ چرا که دل‌کندن از عزیزانم، از عطر بهارنارنج کوچه‌های شیرازم، آسان نبود. اما همسرم تصمیمی دیگر گرفت، و این‌گونه بود که در بیستم ژوئن ۲۰۱۱ من و بچه‌ها قدم به سرزمین جدید گذاشتیم.

پدر و مادرم و به‌خصوص برادرم مقدمات رفاه ما را فراهم کرده بودند. همه‌چیز عالی بود، جز من که درونم تلاطمی غریب بر پا بود؛ دلتنگی، بیگانگی، گم‌گشتگی و دشواری‌های سازگاری با محیط جدید از سویی، و از سوی دیگر، مراقبت روانی از فرزندانم ـ به‌ویژه پسرم که در آستانهٔ دگرگونی‌های نوجوانی، با سوگ از دست دادن عموی جوان و دوستانش، هم‌زمان، دست‌وپنجه نرم می‌کرد. این‌همه در غیاب همسرم که ناگزیر در ایران مانده بود و راه‌های ارتباطی محدود در آن زمان که احساس تنهایی‌ام را دوچندان می‌کرد. در این میان، باید تکیه‌گاه والدینم نیز می‌بودم؛ گره‌گشای دغدغه‌هایشان در غربت. صدایی در گوشم فریاد می‌کشید: «سخت است این سرزمین خانه‌ات شود.»

دو ماه بعد که همسرم به ما پیوست، من در اقیانوسی از بحران‌های

جسمی و روانی غوطه‌ور بودم و او که نگران سلامتی من و بچه‌ها بود، بلافاصله تصمیم به بازگشت گرفت. پس از دو سال مبارزۀ طاقت‌فرسا برای رسیدن به آرامش — به‌خصوص زیر بار سنگین قضاوت‌ها — با واقعیتی دردناک روبه‌رو شدم...

در آن بعدازظهر گرم تیرماه ۲۰۱۴، وقتی برگۀ نتیجۀ آزمایش را روی میز دکتر گذاشتم، حقیقتی بهت‌آور، همچون ضربه‌ای ویرانگر، بر جانم نشست؛ بیماری‌ای خاموش، خزنده و بی‌رحم در وجودِ همسرم ریشه دوانده بود. نفس در سینه‌ام حبس شد. حس کردم همه‌چیز از دایرۀ کنترل من خارج شده است. زندگی در حال آزمودن توانم بود؛ بی‌وقفه و بی‌امان!

چند روز بعد، درست روز تولدم، پشت درِ اتاقِ عمل ایستاده بودم. دکتر که بیرون آمد، بی‌اختیار به طرفش دویدم: «بدخیم بود؟»

«بله! ولی خوشبختانه زود متوجه شدید.»

هرچند دکتر گفته بود خوشبختانه، اما مسیر آسان نبود. چگونه آن لحظه‌ها سپری شد؟! تنها خدا می‌داند...

در سپتامبر ۲۰۱۵، بار دیگر کوله‌بارِ مهاجرت را بستم. اما این بار نه به اجبار، بلکه با تصمیمی آگاهانه و عزمی راسخ؛ به امید آنکه فرزندانم، در دیاری تازه بتوانند بال‌هایشان را بگشایند و آزادانه مسیر زندگی خویش را انتخاب کنند.

پس از گذراندن چالش‌های مهاجرت، تصمیم گرفتم به حرفۀ آرایشگری بازگردم، اما در بعدازظهرِ آخرین جمعۀ ماه مه ۲۰۱۹، گویی زمان، در آستانۀ تغییر، مکثی عظیم کرد و جهان، درگیر بحرانی تازه، در لبۀ

پرتگاهی هولناک ایستاد. نیرویی مرموز، در قالب ویروسی کوچک، در کمین بود تا مرزهای دنیایمان را در هم بشکند و آنچه عزیز می‌داشتیم را بی‌رحمانه برباید. صدایی در گوشم طنین می‌انداخت: «هر بار که می‌خواهی قدمی تازه برداری، شکست در کمین است.»

در آغوشِ واژه‌ها

با گذر نسیم از پنجرهٔ ماشین، از میان غبار خاطره‌های گذشته، حال دوباره در من جان گرفت. با مرور کوتاه گذشته، پی بردم که زندگی همیشه قابل کنترل نیست و هیچ منجیِ بیرونی نیز وجود ندارد. این آگاهی تلخ، مرا به حقیقتی روشن رساند: درنهایت، تنها من هستم — «من»، «رها» — که باید از دل ترس‌ها عبور کنم. نمی‌توانم ناشناخته‌های روزگار را مهار کنم، اما می‌توانم بیاموزم که چطور افکار و احساساتم را بهتر مدیریت کنم. همان‌طور که دکتر فرانکل[1] می‌گوید: «همه‌چیز را می‌توان از انسان گرفت، جز یک چیز: آخرین آزادی انسانی؛ یعنی انتخاب نگرش او در هر موقعیت و انتخاب راه خود.»

برای گذر از این برهه، نیاز به پناهگاهی امن داشتم که آن را خوب می‌شناختم: یار همیشگی‌ام، کتاب. عشق به خواندن از همان کودکی در جانم ریشه دوانده بود؛ پدرم، مردی اهل اندیشه، پیوسته مرا به یادگیری و پرسشگری تشویق می‌کرد و مادرم با قصه‌های شبانه، جادوی کلمات را در دلم می‌نشاند.

فردای آن روز به کتابخانه‌ای نزدیک رفتم و با چشمانی مشتاق، میان قفسه‌ها قدم زدم و پرس‌وجو کردم، اما اثری از کتابی به زبان

1 Viktor Frankl

مـادری نیافتـم. مهاجـرت ایـن پیونـد عمیـق را نیـز از مـن ربـوده بـود. هرچنـد تـلاش کـرده بـودم بـا کتاب‌هـای انگلیـسی ارتبـاط برقـرار کنـم، امـا قلبـم هنـوز بـا واژه‌هـای ناآشـنا گـرم نمی‌گرفـت. بـه فکـر کتاب‌خـوان الکترونیـکی افتـادم؛ اگرچـه جـای لمـس آشـنای کاغـذ را نمی‌گرفـت.

سـرانجام، کتـابی را یافتـم کـه سـال‌ها دل بـه امیـد خواندنـش داشـتم: **وقـتی نیچـه گریسـت**[1] از اروین یالـوم[2]. آن را در دو روز خوانـدم. همچـون دانش‌آمـوزی کـه درسی محبـوب یافتـه اسـت، گفت‌وگوهـای کتـاب را بـا شـوقی کودکانـه در دفتـرم یادداشـت می‌کـردم. نوشـتن برایـم بیـش از کلمـات بـود؛ ابـزاری بـود بـرای تأمـل و پـردازش احساسـات و افـکارم. پیش‌تـر نیـز، در روزهـای سـخت، قلـم را بـر کاغـذ می‌لغزانـدم تـا سـبک شـوم؛ شـاید نـوری از درون، راه را نشـانم دهـد.

پـس از آن، **عشـق سـال‌های وبـا**[3] را خوانـدم؛ روایـتی از بیمـاری، مـرگ، عشـق، و رنـجِ انتظـار گـذر زمـان. انسـان‌هایی کـه بـا تمـام کاسـتی‌ها و تناقض‌هایشـان، در جسـت‌وجوی پیونـدی معنـادار بـا یکدیگرنـد. گـویی مارکـز[4]، سـال‌ها پیـش، تـب ویـروسیِ اکنـون مـا را بـه تصویـر کشیـده بـود.

کتـاب **انسـان در جسـت‌وجوی معنـا**[5] بی‌نظیـر بـود؛ مـرا تـا عمـقِ جـان فروبـرد. نمی‌دانسـتم ایـن واژهٔ سـاده امـا ژرف، «معنـا»، نخسـتین بـار چـه زمـان در جانـم نشسـته بـود، امـا می‌دانسـتم کـه در دل بسـیاری از پیچیدگی‌هـای زنـدگی، پیوسـته در پی دلیـلی بـوده‌ام؛ جسـت‌وجویی ناخـودآگاه کـه در لحظـات دشـوار، همچـون نـخی نـازک مـرا از لبـهٔ پرتـگاهِ

---

1 *When Nietzsche Wept*
2 Irvin Yalom
3 *Love in the Time of Cholera*
4 Gabriel García Márquez
5 *Man's Search for Meaning*

ناامیـدی بـاالا کشیـده بـود. چنان‌کـه نیچـه[1]، جوهـر ایـن جسـت‌وجو را چنیـن بیـان می‌کنـد: «کسـی کـه چرایی زنـدگی‌اش را یافتـه باشـد، بـا هـر چگونـه‌ای می‌توانـد بسـازد.»

بی‌وقفـه می‌خوانـدم. مطالعـه برایـم راهی بـرای فـرار از ترس‌هـا نبـود؛ راهی بـود به‌سـوی «مـنِ» گمشـده‌ام.

طلوع

پـس از مـدتی دریافتـم کـه جامعـه، به‌ویـژه مـا زنـان، به‌عنـوان مـادر و بـا نقـشی اثرگـذار، نیازمنـدِ آگاهی بیشـتر، به‌خصـوص در زمینـهٔ خـودآگاهی و نیـز ارتبـاط مؤثـر هسـتیم. ایـن احسـاس، ریشـه در تجربه‌هـای ارزشـمندم در شیـراز داشـت؛ جـایی کـه در گروه‌هـای آمـوزشی و در کنـار مشـاورانی توانمنـد، بـا مفاهیـمی چـون رشـد و توسـعهٔ فـردی آشـنا شـده بـودم. همچنیـن، سـال‌ها فعالیـت در حرفـهٔ آرایشـگری و هم‌صحبـتی بـا زنـانی از لایه‌هـای گوناگـونِ جامعـه، مـرا بـا دنیـای احساسـات، خواسـته‌ها و نیازهایشـان آشـنا کـرده بـود.

ایـن تجربیـات، بـا الهـام از یـکی از همـان برنامه‌هـا بـه نـام کتاب‌بـاز، کـه هـر هفتـه بـه معـرفی کتـابی کاربـردی اختصـاص داشـت، مبنـای فعالیـتی تـازه بـا دوسـتان معـدودم در غربـت شـد. در هشـتم مـارس ۲۰۲۲، روز جهـانی زن، آنـان را بـه جمـعی صمیـمی دعـوت کـردم و پیشـنهاد کتاب‌خـوانیِ گـروهی و مجـازی را بـا آن‌هـا در میـان گذاشـتم. در آغـاز تنهـا چنـد نفـر همـراه شـدند، امـا ایـن جمـع کوچـک، کم‌کـم بـه جریـانی پویـا و روبه‌رشـد بـدل شـد. نخسـتین اثـر، **وضعیـت آخـر**[2] از تومـاس ای.

هـریـس [1] بـود؛ کتـابی دربـارهٔ تحلیـل رفتـار متقابـل.

مطالعـهٔ هـر کتـاب، بسـتری بـود بـرای گفت‌وگوهایـی معنـادار کـه پنجـره‌ای رو بـه آگاهـی می‌گشـود و مـرا به‌سـوی شـناخت بیشـتر خـود و پیونـدی مسـتحکم‌تر بـا دیگـران هدایـت می‌کـرد. روزی، مشـاوری صمیمـی پیشـنهادی تأمل‌برانگیـز داد: «رهـا، تـو می‌تـونی کـوچ [2] خوبـی بـاشی. کوچینـگ رو دنبـال کـن!»

ایـن جملـه همچـون نـوری در ذهنـم درخشـید و تکه‌هـای پراکنـده‌ای را کـه سـال‌ها درونـم شـکل گرفتـه بودنـد، ناگهـان بـه هـم متصـل کـرد. همـان لحظـه، بـه یـاد کلامِ رالـف والـدو امرسـون [3] افتـادم: «بـه خـودت وفـادار بـاش، و تمـام جهـان به‌سـوی تـو خواهـد آمـد.»

پـس قـدم بـه دنیـای کوچینـگ نهـادم. جهانـی فراتـر از یادگیـریِ یـک مهـارت؛ تجربـهٔ حضـوری نـاب در کنـار دیگـری، در فضایـی سرشـار از پذیـرش و خـالی از قضـاوت. حضـوری کـه نـه بـرای هدایـت، بلکـه بـرای همـراهی اسـت. پیونـدی انسـانی کـه گفت‌وگـو را بـه ابـزاری بـرای کشـف لایه‌هـای پنهـان درون بـدل می‌سـازد. در ایـن فضـا، فـرد می‌توانـد بی هـراس از داوری، از تـرس‌هـا، چالش‌هـا و آرزوهایـش سـخن بگویـد. در چنیـن بسـتری اسـت کـه قلـب گشـوده می‌شـود، اعتمـاد شـکل می‌گیـرد و نیـاز دیرینـهٔ انسـان — کـه همـواره در تمنـای درک شـدن اسـت و نـه تنهـا شـنیده شـدن — تسـکین می‌یابـد. کـوچ، بـا حضـوری خالـص، نـه فقـط شـنونده، همچـون آینـه حقایقـی را کـه گاه خـود فـرد از دیدنـش غافـل مانـده، بـه او بازمی‌تابانـد.

---

1 Thomas Anthony Harris
2 Coach
3 Ralph Waldo Emerson

کوچ با پرسش‌هایی سنجیده، ذهن را به تأمل و روح را به تکاپو وامی‌دارد؛ این پرسش‌ها نه در پی پاسخ‌های فوری‌اند، بلکه افق‌هایی نو از معنا و بینش را می‌گشایند. کوچ با خودداری از ارائهٔ راه‌حل، فرد را یاری می‌کند تا پاسخ‌هایی را که در بیرون می‌جوید، در درون خود بیابد.

در جریان این حضور خالص، سکوت نقشی اساسی دارد؛ سکوتی آگاهانه که مجال تولد بینش و شهود را برای فرد فراهم می‌آورد.

در این مسیر، مفهوم مسئولیت‌پذیری دگرگون می‌شود: فرد درمی‌یابد که قربانی شرایط نیست، بلکه خالق تجربه‌های فردای خویش است.

در این همراهی، آسیب‌پذیری نه نشانهٔ ضعف، بلکه پلی است به‌سوی قدرت درونی و رشد فردی.

کوچینگ گفت‌وگویی صرف نیست، بلکه رابطه‌ای انسانی است که فرصتی برای مکاشفه‌ای درونی فراهم می‌آورد: بازگشت به خویشتنِ اصیل؛ جایی که باورهای محدودکننده به چالش کشیده می‌شوند و چشم‌اندازهایی تازه پدیدار می‌گردند. فرایندی که با هر قدم، فرد را به نسخهٔ اصیل‌تر، بالغ‌تر، آگاه‌تر و درنتیجه آرام‌تر خویش نزدیک می‌سازد.

در این مسیر، نوشتن به زندگی‌ام بازگشت؛ همان آرزوی سال‌های نوجوانی: اینکه روزی بتوانم با جادوی کلمات، تغییری — هرچند کوچک — در جهان ایجاد کنم. آرزوی نوشتن کتابی که نه فقط روایتگر داستان من، بلکه همراهی باشد برای آنان که تشنهٔ تغییرند، یا آنانی که خسته و فرسوده، در گذر از گذرگاهی سخت، در دل پیچ‌وخم‌های زندگی، از خود می‌پرسند: «چرا و چگونه به اینجا رسیدم؟ چطور باید از این مهلکه جان به در ببرم؟ به‌راستی بودن من در این جهان چه معنایی دارد؟»

پویش در چالش

اکنون، درست در این لحظه که با اشتیاق آماده‌ام تا رؤیاهای دیرینه‌ام را با کوچینگ آغاز کنم، دستِ زندگی آزمون دیگری از آستین برآورده است. در این غروب غم‌زدهٔ ۱۵ ژوئن ۲۰۲۵، من در این نیمهٔ کمی آرام‌ترِ جهان، در حالی این جملات را می‌نویسم که پسرم در دل وحشت و خشونت جنگ، در وطنم، ایران، است. جنگ برای من فقط یک واژه نیست؛ زخمی است بازمانده از کودکی، از هشت سالی که صدای آژیرها و انفجارهایش هنوز هم با صدای هر هواپیما در آسمان، در تنم می‌پیچد و با هر لرزش، مدام به این می‌اندیشم که روزی رنج مهاجرت را فقط به امید امنیت فرزندانم به جان خریدم، اما حالا، آنچه از آن گریختم در کمین پارهٔ جانم است.

اما این بار تصمیم گرفته‌ام که ترسم را پنهان نکنم؛ آن را ببینم، بپذیرم، در آغوش بگیرم و به نیرویی برای ادامهٔ راه تبدیل کنم. اگر قرار است زخمی بماند، بگذار نشانی از رشد هم بر آن باشد.

با لحظه‌ای درنگ و نگاهی گذرا به نیم قرن زندگی‌ام — به لحظه‌های بلاتکلیفی، بیماری، مهاجرت، اضطراب و تنهایی — به خودم یادآوری می‌کنم که زندگی هرگز قابل پیش‌بینی نبوده و نخواهد بود. او سازش را می‌نوازد و این ما هستیم که با نوای آن ساز هماهنگ می‌شویم، تا رنج کمتری را تجربه کنیم.

من ایمان دارم که پسرم، دوستانم و مردم سرزمین عزیزم از دل این آزمون سخت، قوی‌تر، بیدارتر و شریف‌تر بیرون خواهند آمد و مفهومی نو برای این روزهای پُررنج خواهند یافت. همان‌گونه که هاروکی موراکامی[1] در رمان کافکا در کرانه[2] می‌نویسد:

---

1 Haruki Murakami
2 *Kafka on the Shore*

«و هنگامی که طوفان به پایان برسد،

به‌درستی به یاد نخواهی آورد که چگونه از آن گذشتی

یا چگونه توانستی زنده بمانی.

حتی مطمئن نخواهی بود که آیا طوفان واقعاً پایان یافته است یا نه،

اما یک چیز مسلم است:

وقتی از دل طوفان بیرون می‌آیی،

دیگر آن آدم سابق نخواهی بود که واردش شده بودی.

تمام هدف طوفان همین است.»

کوچینگ و نوشتن، دو بالی شدند که مرا به پرواز درآوردند؛ با قدم گذاشتن به این دو سرزمین آموختم که زندگی آسان نیست؛ گاهی تاریک، بی‌نشانه و جان‌فرساست. اما باور یافتم به قدرت انسان که بی‌نهایتِ ممکن است. که اگر چشم بگشاید و بخواهد، راه‌ها پدیدار خواهند شد.

دریافتم که هر بحران، زمینی است سخت و سنگلاخ، اما آمادهٔ پرورش دانه‌ای از تحول.

و آرامش، نه در گریز از درد یا نادیده گرفتن آن، بلکه در رویارویی، پذیرش و یافتن پاسخ به چرایی در دلِ آن است.

دانستم که می‌توان باورهای کهنه را بازنگری کرد، دوباره اندیشید و مسیر تازه‌ای پیش روی خود آفرید.

پی بردم که در جهانی بی‌ثبات، آنچه ما را نگه می‌دارد، پایداری درونی است: آن صدای آرام و مهربان که در دل سکوتِ جانمان نجوا می‌کند:

این سفر، هرچقدر که سخت، همچنان ارزشمند است، چرا که هر لحظه‌اش فرصتی است برای لمس معنا و آغازی دوباره...

نجوای جان

دربارۀ نویسنده

گویـا (رهـا) غیـاثی، متولـد تیـر ۱۳۵۴ در کوچههـای شیـراز، میـان عطـر بهارنارنـج و زمزمـۀ حافـظ. از ابتـدای تولـد، او را «رهـا» صـدا کردنـد — پـس رهـا بـودن قسـمتی از هویـت او شـد. در نوجـوانی جانـش بـا تارهـای موسیـقی سـنتی و کتـاب معنـا گرفـت. بـا وجـود موانـع بسیـار، در بیستسـالگی وارد دنیـای آرایشـگری شـد. ازآنجاکـه عشـق بـه یادگیـری بخشـی جداییناپذیـر از وجـودش بـود، تعامـل بـا افـراد و شـنیدن داسـتان زنـدگی آنهـا عمـق تـازهای بـه نگاهـش بخشـید. پـس از مهاجـرت، بـا برگـزاری دورههـای مجـازی کتابخـوانی گامـی کوچـک، امـا سرنوشتسـاز در مسیـر توانمندسـازی افـراد برداشـت؛ گامـی کـه او را بهسـوی دنیـای کوچیـنگ رهنمـون سـاخت: سـفری از درون، بهسـوی

معنا. امـروز، رهـا تصمیـم گرفتـه اسـت بـا بهره‌گیـری از کوچینـگ، گامی عمیق‌تـر در مسیـر رشـد و تحـول فـردی بـردارد. او بـر ایـن بـاور اسـت کـه هـر فـرد ظرفیـت درخشـش و آفریـنش زندگی‌ای را دارد کـه بـا ارزش‌هـای اصیـل خـود هم‌راسـتا باشـد، امـا بسیـاری از انسـان‌ها در پیچ‌وخـم چالش‌هـا و باورهـای محدودکننـده، قـدرت درونی خـود را فرامـوش می‌کننـد.

او کوچینـگ را راهی بـرای احیـای ایـن قـدرت و ایجـاد تغییـری پایـدار در زنـدگی می‌دانـد. دیگـران او را فـردی بـا نفـوذِ کلام، صبـور، قـوی، مهربـان و مسـئولیت‌پذیر توصیـف می‌کننـد. او شیفتـۀ طبیعـت، رنـگ، هنـر و زیبایی‌هـای آرام زنـدگی اسـت. چشـم‌انداز او جهـانی اسـت کـه در آن هـر انسـان بـه شکـوه درونی خـود آگاه می‌شـود و زنـدگی آگاهانـه، متعـادل و پرمعنـا را تجربـه می‌کنـد. او بـاور دارد کـه هـر تحـول درونی، مـوجی از تغییـر بیـرونی می‌آفرینـد: الگـویی بـرای امـروز و چـراغی بـرای فـردا.

راه‌های ارتباط با نویسنده:

✉ rahaghiasi.coach@gmail.com

⬛ Rahaghiasi.coach

دوست دارم شنیده شوم!

شنیدن فعال: ابزاری فناورانه در فرایند کوچینگ

فرناز فخرالدینی

دوست دارم شنیده شوم!
شنیدن فعال: ابزاری فناورانه در فرایند کوچینگ
فرناز فخرالدینی
مدرس و کوچ کشف خود و ارتباط مؤثر

درحالی‌که داشـت خـودش را معرفـی می‌کرد و سـعی داشـت نگاهـش را از مـن مخفـی کنـد، چشـمان گـرد و سـیاهش می‌چرخیـد و دزدانـه مـرا نـگاه می‌کـرد. پرسـیدم: «معـذبی؟ دوسـت داری تصویـر را قطـع کنـم و ادامـهٔ جلسـه‌مان را صوتـی برگـزار کنیـم؟» خیلـی تنـد و محکـم جـواب داد: «نـه! ایـن اولیـن بـاری اسـت کـه بـا یـک خانـم مکالمـهٔ تصویـری دارم.»

این‌هـا جملـات آغازیـن جلسـهٔ مقدماتـی مـن بـا امـان، پسـر سیزده‌سالـهٔ اهـل بوشـهر بـود. امـان اولیـن مراجـع نوجـوان مـن بـود و بایـد اعتـراف کنـم کـه بـرای ایـن جلسـه اشـتیاق فراوانـی داشـتم. ازآنجاکـه پیـش از ایـن تجربـه‌ای از برگـزاری جلسـه بـا مراجعـان نوجـوان نداشـتم، خیلـی دوسـت داشـتم بدانـم انگیـزهٔ امـان از درخواسـت کـوچ[1] چیسـت. در جلسـهٔ مقدمـاتی کوچینـگ معمـولاً در مـورد مسـیر و رونـد جلسـات و همچنیـن چارچـوب کلـی و مقـررات صحبـت می‌کنیـم و در صـورت توافـق طرفیـن، جلسـات بعـدی برنامه‌ریـزی می‌شـوند. درحالی‌کـه تـلاش می‌کـردم ایـن موضـوع را بـه زبانـی سـاده و قابـل فهـم توضیـح دهـم، بـه محـض اینکـه بـه عبـارت «گـوش کـردن» رسـیدم گفـت: «یعنـی بایـد مـن حـرف بزنـم و شـما بـه مـن گـوش می‌دهیـد؟» سـؤالش مـرا بـه فکـر فـرو بـرد.... منظـورش چـه بـود؟!

---

1 Coach

جلسـهٔ مقدمـاتی بـرای هـر دوی مـا جـذاب و پـر از سـؤال بـود (بعدهـا از زبـان خـودش شـنیدم کـه او نیـز بـه انـدازهٔ مـن مشتاق ایـن جلسـه بـوده اسـت). خـدا خـدا می‌کـردم شـرایط را قبـول کنـد و جلسـاتمان را به‌طـور رسـمی و جـدی شـروع کنیـم. بعـد از شـنیدن توضیحـات مـن گفـت: «قبـول، شـروع کنیـم!» لبخنـدی زدم و گفتـم: «امـان جـان، بایـد روز و سـاعت اولیـن جلسـه‌مان را بـا هـم هماهنـگ کنیـم. تـو بایـد بـه کارهـای مدرسـه و کلاس‌هایـت بـرسـی و مـن هـم بـه بقیـهٔ جلسـات کوچینـگ و تدریسـم برسـم. روزهـا و سـاعات خـالی‌ات را بـه مـن بگـو، تـا بـا هـم برنامـه‌ای ثابـت بـرای دوازده جلسـه تنظیـم کنیـم.» همیـن کـه عبـارت «دوازده جلسـه» را شـنید، بـا هیجـان پرسـید: «یعنـی مـن دوازده جلسـه بـا شـما هسـتم؟! حـرف می‌زنـم؟! بـه مـن گـوش می‌دهیـد؟!»

بالاخـره اولیـن جلسـه فرارسـید. وقتـی تمـاس تصویـری برقـرار شـد، یـک لحظـه احسـاس کـردم فـرد دیگـری در جلسـه حضـور دارد، امـا بـه‌زودی متوجـه شـدم کـه خـود امـان اسـت. او در محیطـی زیبـا و آراسـته قـرار داشـت، لبـاس زیبـایی بـر تـن کـرده بـود و بـه قـول خـودش، بـه آرایشـگاه رفتـه بـود و موهایـش را مرتـب کـرده بـود. از دیـدن تغییراتـش خوشحـال شـدم. گفتـم: «امـان، مـن می‌شـنوم.» جـواب داد: «چی؟ مـرا می‌شـنوید؟! تـا حـالا هیچ‌کـس چنیـن حرفـی بـه مـن نـزده بـود!»

صحبت‌هایـش را این‌طـور شـروع کـرد: «می‌دانیـد، هیچ‌کـس بـه مـن گـوش نمی‌دهـد. یعنـی فقـط صـدای مـرا می‌شـنوند، نـه بیشـتر. از پـدر و مـادرم گرفتـه تـا خواهـر و برادرهایـم و حتـی معلم‌هـا. آن‌هـا فقـط زمانـی مـرا می‌شـنوند کـه سـر کلاس، درس جـواب می‌دهـم، بـا دوسـتانم بـازی می‌کنـم، یـا کارهـای خانـه را انجـام می‌دهـم. مـن خیـلی حـرف دارم و

دوست دارم یک نفر مرا بشنود!»

چرا گوش دادن مهم است؟

در جلسات بعدی، وقتی امان حرف می‌زد تمام وجودش پر از شور و اشتیاق بود. تازه فهمیدم چرا روز اول با هیجان پرسیده بود: «یعنی قرار است من حرف بزنم و شما گوش می‌دهید؟» این پسر سیزده‌سالهٔ دوست‌داشتنی دنیای ساکت درونش را شکست و تازه فهمیدم با چه مسائلی روبه‌رو بوده، چقدر حرف داشته و چه سختی‌هایی را تحمل کرده است. دائماً می‌پرسید: «می‌توانم باز هم بگویم؟» و وقتی جواب مثبت می‌شنید، چشمان سیاه‌رنگش می‌درخشید و با تمام وجود سخن می‌گفت. اشتیاقی که از توجه من به سخنانش دریافت می‌کرد، در لبخند روی لبانش، در برق چشمانش و در شادی صدایش نمایان بود. در یکی از جلسات از من پرسید: «خیلی حرف می‌زنم؟» گفتم: «چطور؟» گفت: «آخر تا حالا این‌قدر حرف نزده بودم!» پرسیدم: «چرا حرف نزده بودی؟» نگاهی به من انداخت و بعد با لحنی اندوهگین، و درحالی‌که نگاهش را به زمین دوخته بود، گفت: «آخر هیچ‌کس به من گوش نمی‌کرد.» پرسیدم: «چرا به تو گوش نمی‌کردند؟» جواب داد: «نمی‌دانم؛ شاید خسته، بی‌حوصله، گرفتار یا عصبانی بودند، یا شاید هیچ‌کدام از این‌ها؛ فقط می‌دانم که به من گوش نمی‌کردند.»

در پایان جلسهٔ یازدهم، پس از اینکه مسئله‌ای را که مطرح کرده بود حل کردیم، از او خواستم برای جلسهٔ آینده به این فکر کند که برداشتش از این جلسات چه بوده است، این جلسات چه ارزش افزوده‌ای برایش داشته است و قرار است از این جلسات چه چیزی با خودش ببرد.

قرار ما روز یکشنبه، ساعت پنج عصر بود و به گفتهٔ امان، او از ساعت سهٔ بعدازظهر چشم از ساعت و تلفن برنداشته بود و هر دقیقه برایش مثل یک ساعت گذشته بود. پرسیدم: «چرا؟» دفترچهٔ یادداشت کوچکی را نشان داد و گفت: «به‌خاطر این!» من سه سؤال از او پرسیده بودم و انتظار داشتم حداکثر چهار خط پاسخ دریافت کنم، اما او برای من یک دفترچه پاسخ آماده کرده بود! از اینکه این میزان علاقه را در وجودش می‌دیدم، احساس خوبی پیدا کردم. او بسیار باحوصله به سؤالات پاسخ داده بود و مشخص بود که برای نوشتن پاسخ‌ها خیلی خوب فکر کرده و زمان گذاشته است. این میزان از دقت مرا بر آن داشت تا بپرسم: «امان، چی باعث شد که این‌قدر بنویسی؟» جواب داد: «مدت‌ها بود که در مورد خودم، مشکلاتم، خواسته‌هایم، رؤیاها و آرزوهایم با کسی صحبت نکرده بودم. نه اینکه خودم نخواهم، بلکه کسی نبود که برایش بگویم. حتی اگر هم بود، گوش نمی‌داد. شاید صدایم را می‌شنید، اما هم‌زمان کار دیگری هم می‌کرد و من می‌فهمیدم که اصلاً حواسش به من نیست و فقط دارد ادای گوش دادن را درمی‌آورد. اگر هم کمی گوش می‌داد، وقتی هنوز حرفم تمام نشده بود با من دعوا می‌کرد، یا شروع می‌کرد به نصیحت کردن من - آخ که چقدر از این کار متنفرم! خسته شده‌ام از اینکه این‌قدر شنیده‌ام: «این کار را بکن!»، «آن حرف را نزن!»، «به‌خاطر خودت می‌گویم!»، «این برای آینده‌ات بهتر است!»، «تو کی می‌خواهی بزرگ بشوی؟!». آن‌قدر از این جملات و امر و نهی‌ها می‌شنیدم که کلاً از حرف زدن پشیمان می‌شدم. بنابراین تصمیم گرفتم تا زمانی که گوش شنوایی پیدا نکرده‌ام - کسی که واقعاً به من گوش دهد و مرا محکوم نکند -

حرفی نزنم.»

پرسیدم: «خب، آقا امان! جواب سؤال‌های من چی شد؟» پرسید: «بخوانم؟ حوصله دارید؟» و خودش با خنده‌ای جواب خودش را داد: «بله، می‌دانم که با حوصله به حرف‌هایم گوش می‌دهید؛ همان‌طور که در طول این یازده جلسه گوش دادید.» شروع به خواندن از روی دفترچه کرد و نخستین جمله‌ای که خواند این بود: «ممنون که من را شنیدید!»

حرف‌هایش بر من تأثیر گذاشت و مرا به فکر فرو برد. چرا یک فرد نمی‌تواند خود را ابراز کند؟ چرا به او گوش نمی‌دهیم؟ من تنها امان را دیده‌ام، اما افراد بسیاری از این دست وجود دارند؛ شاید حتی خود ما!

جلسۀ آخر ما حسی بسیار خوشایند و به‌یادماندنی برایم به جا گذاشت و جملۀ پایانی امان برای من بسیار ارزشمند بود: «وقتی کسی به حرف‌هایت گوش می‌دهد احساس می‌کنی تنها نیستی و این هدیۀ بزرگی بود که از شما گرفتم.»

شنیدن فعال، کلید ارتباط مؤثر

شنیدن فعال فراتر از شنیدن صداهاست. شنیدن فعال یعنی اینکه به‌طور کامل به صحبت‌های فرد مقابل توجه کنیم، منظور او را درک کنیم و نشان بدهیم که به شنیدن سخنانش علاقه داریم. شنیدن فعال پایه و اساس هر ارتباط مؤثری است. وقتی به سخنان دیگران خوب گوش می‌دهیم، به آن‌ها این احساس را می‌دهیم که ارزشمند هستند و درک می‌شوند. خوب گوش دادن این پیام را منتقل می‌کند

که «من تو را می‌بینم! تو برایم مهم هستی!».

دیل کارنگی[1] در اثر برجستهٔ خود با عنوان **آیین دوست‌یابی**[2] به زیبایی بیان می‌کند که «گوش دادن به دیگران نوعی احترام به آن‌هاست».

خود را به‌جای مراجع گذاشتم و فکر کردم که وقتی دارم حرف می‌زنم، ترجیح می‌دهم طرف مقابل چطور به من گوش دهد؟ دوست دارم تأییدم کند؟ یا حرفم را قطع کند و نصیحت و قضاوتم کند؟ یا هیچ‌کدام؟

من خیلی وقت‌ها فقط دوست دارم شنیده شوم. نه فقط کلمات و جملاتم، بلکه احساسات پشت آن‌ها و حتی افکار ناگفته‌ای که در ذهنم می‌چرخند و بر دلم سنگینی می‌کنند.

من دوست دارم فردی که در مقابلم نشسته است، شش‌دانگ حواسش به من باشد و روی صحبت‌هایم تمرکز کند. عوامل حواس‌پرتی مانند تلفن همراه را کنار بگذارد و بدون قضاوت یا پیش‌داوری به حرف‌هایم گوش دهد. بعد، برای اینکه مطمئن شود منظورم را درست درک کرده یا نه، سؤالاتی بپرسد تا از سوءتفاهم و برداشت اشتباه جلوگیری شود. حرف‌هایی که زده‌ام را تکرار یا خلاصه کند تا نشان دهد که به سخنانم توجه کرده است. از طریق زبان بدن، مانند تماس چشمی، تکان دادن سر، یا هر عمل دیگری، به من نشان دهد که مشتاق شنیدن حرف‌هایم است و با صبوری به من فرصت دهد تا صحبت‌ها و احساساتم را به‌طور کامل بیان

---

1 Dale Carnegie
2 *How to Win Friends and Influence People*

کنم. طرف مقابل بـا انجـام دادن ایـن کارهـا بـه مـن اطمینـان می‌دهد کـه مـن و احساسـاتم را درک می‌کند.

پـس از اینکـه خـودم را در جایگـاه مراجـع قـرار دادم و فکـر کـردم کـه دوسـت دارم چطـور شـنیده شـوم، فهمیـدم کـه گـوش دادن نه‌تنهـا بـه مـن کمـک می‌کنـد تـا دیگـران را بهتـر درک کنـم، بلکـه آن‌هـا را نیـز قـادر می‌سـازد تـا خـود را بهتـر درک کننـد.

مـا از طریـق شـنیدن فعـال، درک عمیق‌تـری از مشـکلات و چالش‌هـا بـه دسـت می‌آوریـم و راه‌حل‌هـای بهتـری بـرای مسـائل پیـدا می‌کنیـم. شـنیدن فعـال بـه کسـب اطلاعـات جدیـد و گسـترش دیدگاه‌هایمـان کمـک می‌کند. بـا شـنیدن فعـال، می‌توانیـم از سـوءتفاهم‌هایی کـه منجـر بـه اختـلاف و درگیـری می‌شـوند، جلوگیـری کنیـم. وقتـی مـن بـه طـرف مقابلـم خـوب گـوش می‌دهـم، اعتمادبه‌نفس او را افزایـش می‌دهـم و باعـث می‌شـوم اسـترس و اضطرابـش کمتـر شـود. همچنیـن ممکـن اسـت او را قـادر سـازم تـا بـه یـک راه‌حـل، یـک ایـدۀ خلاقانـه، یـا یـک حـال خـوب دسـت یابـد.

بـه یـاد داشـته باشـیم کـه خـوب شـنیدن یـا شـنیدن فعـال یـک مهـارت اسـت کـه بـا تمریـن بهبـود می‌یابـد. بـا تمریـن مـداوم می‌توانیـم بـه شـنونده‌ای فعـال و مؤثـر تبدیـل شـویم.

آیا به صدای درون خود گوش می‌دهید؟

ایـن پرسشـی حیاتـی اسـت کـه پاسـخ آن کلیـد شـناخت بهتـر خودمـان اسـت. همـۀ مـا صدایـی در درون خـود داریـم کـه اغلـب آن را نادیـده می‌گیریـم. ایـن صـدا احساسـات، خواسـته‌ها و نیازهـای مـا را بیـان

می‌کنـــد. امـــا آیـــا بـــه انـــدازهٔ کافی بـــه ایـــن صـــدا گـــوش می‌دهیـــم؟

صـدای درون جنبـه‌ای ذاتی از وجـود ماسـت. چقـدر بـه ایـن صـدا توجـه می‌کنیـم؟

بایـد آگاه باشیـم کـه ایـن صـدا می‌توانـد به‌طـور خـودکار عمـل کنـد؛ یعـنی گاهی به‌طـور ناگهـانی انتقـاد کنـد یـا رویکـردی منفی داشـته باشـد، درحالی‌کـه لحظـه‌ای دیگـر رویکـردی مثبـت و سـودمند داشـته باشـد. علاوه‌بـر این‌هـا، ممکـن اسـت حـتی گاهی ناپدیـد شـود. صداهـای درون می‌تواننـد گاهی مهربـان و خردمندانـه باشـند و گاهی سـخت‌ترین دشـمن و منتقـد مـا باشـند و هـر عمـل مـا را محکـوم کننـد. به‌عنـوان مثـال، زمـانی کـه اسـترس داریـم بـه ذهـن خـود اجـازه می‌دهیـم سرگـردان شـود و بیشـتر بـر آنچـه در بیـرون اتفـاق می‌افتـد تمرکـز می‌کنیـم تـا آنچـه در درون اتفـاق افتـاده اسـت. ایـن امـر می‌توانـد مضـر باشـد، زیـرا افـکار مـا انعطاف‌ناپذیـر و منـفی می‌شـوند و به‌جـای اینکـه اسـتدلال کنیـم، تنهـا واکنـش نشـان می‌دهیـم.

دانشـمندان در دهـهٔ ۱۹۹۰ مطالعـهٔ پدیـدهٔ روان‌شـناختی صـدای درون را آغـاز کردنـد. آن‌هـا تـا امـروز داده‌هـای قانع‌کننـده‌ای جمـع‌آوری کرده‌انـد و ادعـا می‌کننـد کـه ایـن فراینـد ذهـنی بـه سـود اهـداف روان‌شـناختی مفیـدی ازجملـه برنامه‌ریـزی، حـل مسـئله، تفکـر و خودشـناسی کار می‌کنـد.

بـرای مـدتی طـولانی، ایـن فلسـفه بـود کـه تـلاش می‌کـرد صـدای درون را درک و تعریـف کنـد. امـا در سـال ۱۹۹۳، پژوهـشی توسـط هوبـرت

هرمانس[1] و هـری کمپـن[2] در دانشـگاه رادبـود[3] هلنـد انجـام شـد و ایـن موضـوع از منظـر روان‌شـناختی مـورد توجـه قـرار گرفت.[4] ایـن پژوهـش نشـان داد کـه صـدای درون می‌توانـد در فراینـد اسـتدلال و تفکـر در مـورد واقعیـت پیرامـون مـا مـورد اسـتفاده قـرار گیـرد، و نـوعی درون‌نگـری اسـت کـه بـه مـا کمـک می‌کنـد تـا محیـط اطـراف خـود را درک کـرده و بـا آن تعامـل برقـرار کنیـم.

ابزاری برای شنیدن صدای درون

مراقبـه[5] بـه مـا کمـک می‌کنـد تـا بـه درون خـود سـفر کنیـم و صـدای درون خـود را بشـنویم. مراقبـه و ذهن‌آگاهی[6] ابزارهـای قدرتمنـدی هسـتند کـه می‌تواننـد در شـناخت و شـنیدن صـدای درون بـه کمـک مـا بیاینـد. مراقبـه، بـا سـاختن فضایـی از سـکوت و آرامـش، بـه ذهـن فرصـت می‌دهـد تـا از هیاهـوی افـکار روزمـره رهـا شـود. ایـن سـکوت مـا را قـادر می‌سـازد تـا صـدای ظریـف و اغلـب نادیده‌گرفته‌شـدهٔ درونمـان را بشـنویم. هنگامـی کـه ذهـن آرام اسـت، افـکار مزاحـم کاهـش می‌یابنـد و می‌تـوان بـا وضـوح بیشـتری بـه صـدای احساسـات و شـهود خـود گـوش داد.

مراقبـه و ذهن‌آگاهی، آگاهی مـا را نسـبت بـه افـکار، احساسـات و بدنمـان افزایـش می‌دهـد. ایـن آگاهی مـا را قـادر می‌سـازد تـا الگوهـای فکـری و واکنش‌هـای عاطـفی خـود را شناسـایی و درک کنیـم. بـا تمریـن مـداوم می‌توانیـم یـاد بگیریـم کـه بیـن صـدای واقـعی درون و صداهایـی کـه از

---

1 Hubert Hermans
2 Harry J. G. Kempen
3 Radboud University
4 Hermans, H; Kempen, H. (1993). The Dialogical Self: Meaning as Movement. *The American Journal of Psychology,* 107(4).
5 Meditation
6 Mindfulness

ترس، اضطراب، یا افکار منفی نشئت می‌گیرند، تمایز قائل شویم. استرس و اضطراب می‌توانند صدای درون را خفه کنند و مانع از شنیدن آن شوند. مراقبه، با کاهش سطح استرس و اضطراب، به آرام کردن ذهن و ایجاد فضای لازم برای شنیدن صدای درون کمک می‌کند. مراقبه همچنین تمرکز را افزایش می‌دهد و این امکان را فراهم می‌سازد تا از افکار مزاحم دوری کنیم و تمام توجهمان به صدای درونمان باشد.

انواع مراقبه برای شنیدن صدای درون:

- مراقبهٔ ذهن‌آگاهی: این نوع مراقبه به ما کمک می‌کند تا بدون قضاوت، به افکار و احساسات خود توجه کنیم.

- مراقبهٔ مانترا[1]: تکرار یک کلمه یا عبارت خاص می‌تواند به آرام کردن ذهن و تمرکز بر صدای درون کمک کند.

- مراقبهٔ تجسم: تجسم تصاویر یا سناریوهای آرامش‌بخش می‌تواند به ایجاد ارتباط با ناخودآگاه و شنیدن صدای درون کمک کند.

با تمرین‌های مداوم مراقبه می‌توانیم ارتباط عمیق‌تری با خود برقرار کنیم و به توصیه‌های خردمندانهٔ صدای درونمان گوش فرا دهیم.

صدای درون، گنجینهٔ پنهان وجود

شنیدن واقعی خودمان – و دیگران – تنها یک عمل ارتباطی نیست؛ بلکه انقلابی آرام است که با حضور، صبوری و شجاعت آغاز می‌شود. شنیدن صدای درون سفری شخصی است. بعضی با نوشتن در مورد احساسات و افکارشان صدای درون خود را درک می‌کنند و بعضی دیگر

---

1 Mantra

با غـرق شـدن در طبیعـت آرامـش می‌یابنـد و توانـایی شـنیدن صـدای درون را پیـدا می‌کننـد. هرکـس مسیـر منحصربه‌فـردی بـرای ارتبـاط بـا خـود درونـش دارد. نکتـۀ اصلـی ایـن اسـت کـه شـروع کنیـم و بـه صـدای درونمـان اعتمـاد داشـته باشیـم. بـا گـوش دادن بـه صـدای درون، می‌توانیـم خـود را بهتـر بشنـاسیم و از نقـاط قـوت و ضعـف خـود آگاه شـویم. اگـر بـه نـدای درون خـود گـوش دهیـم، در تصمیم‌گیری‌هـای مهـم زنـدگی انتخاب‌هـای بهتـری خواهیـم داشـت. پـس ضـروری اسـت کـه بـه صـدای درون خـود گـوش دهیـم و از آن مراقبـت کنیـم. درواقـع، ایـن بهتریـن همـراهی اسـت کـه می‌توانیـم در سفـر زنـدگی داشـته باشیـم!

دوست دارم شنیده شوم!
شنیدن فعال: ابزاری فناورانه در فرایند کوچینگ

دربارهٔ نویسنده

فرنـــاز فخرالدیـــنی، مـدرس و کـوچ زنـدگی، سـفری پـر فـراز و نشـیـب را در مسیــر خودشناسـی و رشـد فـردی طی کـرده اسـت. او کـه از کـودکی بـه آموختـن و آمـوزش دادن علاقـه داشـت، پـس از فارغ‌التحصیـلی در رشـتهٔ شیـمی، سـال‌ها در حـوزهٔ تجهیـزات آزمایشـگاهی و آمـوزش بـه فعالیـت پرداخـت، امـا سرنوشـت او را بـه مسیـر دیگـری فراخوانـد.

تغییـرات زنـدگی، فرنـاز را بـا دنیای خودشناسـی و خـودآگاهی آشـنا کـرد. او شـش سـال بـه مطالعه، آمـوزش و تجربهٔ خودشناسـی و خـودآگاهی پرداخـت و سـپس دوره‌هـای شخصیت‌شناسـی انیاگـرام[1] و خودشناسـی بـا رویکـرد

---

1 Enneagram

تحلیل رفتار متقابل را برگزار کرد. او سپس با کوچینگ آشنا شد و این آشنایی دریچه‌ای نو به دنیای رشد و توسعهٔ فردی‌اش گشود.

فرناز با بهره‌گیری از دانش و تجربهٔ خود، به مراجعانش کمک می‌کند تا ارزش‌های زندگی خود را کشف کنند، روابط خود را بهبود بخشند و به اهدافشان دست یابند. او با برگزاری جلسات حضوری و آنلاین کوچینگ، افراد را در مسیر خودشناسی و رشد فردی همراهی می‌کند.

در حال حاضر، فرناز پس از گذراندن دورهٔ تخصصی تربیت مدرس رشد و شکوفایی، به طراحی و تدریس دوره‌های مختلف مهارت‌های توسعهٔ فردی مشغول است.

شعار او این است: **«خودت را پیدا کن، زندگی‌ات را بساز و دنیایت را تغییر بده.»**

علاقهٔ فرناز به یوگا و مراقبه، نشان می‌دهد که او به ابعاد مختلف وجود انسان توجه دارد. او با تلفیق دانش و تجربهٔ خود در حوزه‌های مختلف، به افراد کمک می‌کند تا یک زندگی آگاهانه، هدفمند و رضایت‌بخش داشته باشند.

راه‌های ارتباط با نویسنده:

farnaz.fakhreddini
Farnaz Fakhreddini
www.Can-DoCoaching.com
fakhreddinifarnaz@gmail.com
+۹۸۹۱۲۳۲۲۰۱۳۰
+۴۴۷۹۵۰۷۲۰۹۵۷

کوچینگ، رویکردی نوین در مدیریت مراکز درمانی در حوزهٔ سلامت

شهرزاد فخری

کوچینـگ، رویکردی نوین در مدیریـت مراکز درمانی در حوزۀ سلامت
شهرزاد فخری
اولین کوچ سازمانی در جامعۀ آزمایشگاهی

در طول مسیــر حرفه‌ای‌مـان، لحظـاتی پیـش می‌آینـد کـه نـه فقـط بـا یـک بحـران شـغلی، بلکـه بـا بحرانـی درونـی مواجـه می‌شویم. جـایی کـه دیگـر نمی‌دانیـم آیـا هنـوز بـا باورهـای خـود همسـو هسـتیم یـا تنهـا بـه وظیفـه‌ای سـازمانی تـن داده‌ایـم.

آیا تابه‌حـال احسـاس کرده‌ایـد کـه مسـئولیت سـنگینی بـر دوش داریـد، بـدون آنکـه حمایـت لازم را از سـوی سـازمان دریافـت کنیـد؟ در چنیـن شـرایطی، ارتبـاط بـا دیگـران، حفـظ انگیـزۀ تیـم، و ادامـه دادن مسـیر، همگـی بـه چالش‌هـایی پیچیـده تبدیـل می‌شـوند.

زمانـی کـه اهـداف شـما بـا مسیـر سـازمان همراسـتا نیسـت، چـه می‌کنیـد؟ تـا چـه حـد بـه رؤیـای مشـترک اعتقـاد داریـد؟

آیا سـازمانی کـه در آن کار می‌کنیـد، فضـای لازم را بـرای بیـان ایده‌هـا، نقدهـا و رشـد شـخصی شـما فراهـم می‌کنـد یـا بایـد بـرای دوام آوردن سـکوت کنیـد؟

در ایـن فصـل، داسـتانی پیـش رویتـان قـرار دارد کـه شـما را بـه دنیـای مراقبت‌هـای سـلامت می‌بـرد؛ جـایی کـه حسـاسیت، تعهـد و مسـئولیت، سـنگین‌تر از هـر جـای دیگـری اسـت. بـه نظـر شـما، چـه تفاوتـی میـان کار در حـوزۀ سـلامت و صنایـع دیگـر وجـود دارد؟

اگر می‌توانید با اطمینان به همهٔ این پرسش‌ها پاسخ روشن و دقیق بدهید، به شما تبریک می‌گویم؛ اما اگر حتی در پاسخ به یکی از آن‌ها مردد هستید، شاید زمان آن رسیده که به نقش کوچینگ در رهبری سازمانی و خصوصاً حوزهٔ سلامت نگاهی تازه بیندازید.

تولد یک جست‌وجو: تجربهٔ شخصی در مراکز درمانی

از سال ۱۳۷۶ وارد حوزهٔ آزمایشگاه‌های پاتوبیولوژی شدم. در طی سال‌ها همکاری با مراکز مختلف، همواره نیرویی پرتلاش، مسئولیت‌پذیر و اثرگذار شناخته می‌شدم. در این مسیر با چالش‌ها، تعارض‌ها و ناکارآمدی‌های فراوانی روبه‌رو شدم؛ مسائلی که برایم ریشهٔ بسیاری از ناکامی‌ها و عدم توسعهٔ پایدار در مراکز درمانی کوچک و متوسط را روشن ساخت.

فعالیت حرفه‌ای‌ام از یک آزمایشگاه متوسط آغاز شده بود. به‌دلیل انگیزهٔ بالا و اهداف بزرگی که در سر داشتم، تصمیم گرفتم سطح تحصیلاتم را ارتقا دهم و هم‌زمان با ادامهٔ تحصیل، در مراکز مختلف به‌عنوان مسئول بخش‌های تخصصی مشغول به کار بودم. توانمندی و عملکردم باعث شد به‌سرعت مسئولیت‌های بیشتری به من واگذار شود، اما در کمال تعجب، این افزایش مسئولیت همراه با ارتقای مالیِ منصفانه نبود. احساس بی‌عدالتی و استثمار در من شکل گرفت: چرا باید بیشتر از دیگران کار کنم و مسئولیت داشته باشم، اما دریافتی‌ام به همان اندازه بیشتر نباشد؟

طعم وعده‌های توخالی

در یکی از آزمایشگاه‌ها، مدیریت با هدف توسعهٔ مرکز، راه‌اندازی

بخش‌هـای جدیـد و تبدیـل شـدن بـه مرکـز ناباروری از مـن بـرای همکاری جدی‌تر دعـوت کـرد و وعدهٔ بهبـود جایگاه شغلی و درآمد بیشتر را داد؛ پیشـنهادی کـه بـا شـوق مـن بـرای رشـد هماهنـگ بـود. تصمیـم گرفتم کارم در بیمارستان را تـرک کنـم. استعفایـم را بـه مدیر آزمایشـگاه بیمارسـتان تحویـل دادم، امـا بـا مخالفت شـدید ایشـان مواجـه شـدم. بـه مـن وعـدهٔ شـرایط بهتـری را دادنـد، امـا وقتـی بـر تصمیـم پافشـاری کـردم، بـا بی‌میلـی اسـتعفایم را پذیرفتنـد. شـغلم را تـرک کـردم و وارد مسیـر جدیـد شـدم.

تنهـا یـک مـاه پـس از شـروع کارم در آزمایشـگاه جدیـد، همه‌چیـز برخـلاف انتظـار پیـش رفـت. حقـوق وعده‌داده‌شـده پرداخـت نشـد و در پاسـخ بـه پیگیری‌هایـم ایـن جملـه را شـنیدم: «ارزش شـما خیلـی بالاتـر از ایـن مبالـغ اسـت، امـا فعـلاً امـکان پرداخـت نداریـم!»

احسـاس ناامـنی عمیـقی در درونـم شـکل گرفت. کار قبـلی را از دسـت داده بـودم، رئیـس قبـلی از مـن دلخـور بـود، و نمی‌دانسـتم بـا اشـتیاقم بـرای توسـعه و پویـایی چـه کنـم.

سنگینی بارهای ناپیدا

در آغـاز مسیـر شـغلی‌ام، بـا موانـع ذهـنی، تـرس از بیـکاری و اضطراب آینـده دست‌وپنجـه نـرم می‌کـردم. نمی‌دانسـتم بـه کجـا بایـد بـروم، امـا شـوقم بـه رشـد از ترسـم پیشـی می‌گرفـت. بـا وجـود نقدهایـی کـه بـه مدیریـت داشـتم، بـا تمـام وجـود کار می‌کـردم. بیمـاران راضـی بودنـد، نتایـج آزمایش‌هـا دقیـق و سـریع بـود و عملکـردم قابـل قبـول، امـا در پایـان هـر سـال احسـاس ناامـنی بـر مـن چیـره می‌شـد. در ارزیابی‌هـای سـالانه، تنهـا پیشـرفت آزمایشـگاه را می‌دیـدم، نـه خـودم را. احسـاس می‌کـردم

عشقـم بـه خدمت‌رسانـی و شـوقم بـه رشـد، بـدون آنکـه رضایـت درونـی بـه همـراه داشـته باشـد، مـورد استفاده قـرار گرفتـه اسـت. هـر سـال تصمیـم بـه تـرک محـل کار می‌گرفتـم، امـا وعده‌هـا و امیدواری‌هـا مـرا در همـان مسیـر نگـه می‌داشـت.

بـا افزایـش مراجعـان، حجـم کار نیـز بـالا رفـت. همـهٔ مسئولیت‌هـا از سفارش کیـت و تجهیـزات، مدیریـت انبـار، تعمیـرات، کنتـرل ورود و خروج، خدمـات مشـتریان، ارتباطـات داخلـی و مدیریـت بحـران بـر دوش مـن بود. بـا وجـود ایـن حجـم عظیـم از مسئولیت، نه‌تنهـا رضایـت شـغلی نداشـتم، بلکـه از نظـر روحـی نیـز فرسـوده شـده بـودم.

تیم یا گروه؟ تفاوت را احساس کردم

سال‌هـا بعـد، بـه تفـاوت عمیـق بیـن «تیـم» و «گـروه» پـی بـردم. مـا تنهـا گروهـی بودیـم کـه بـرای رسیـدن بـه یـک هـدف اقتصـادی دور هـم جمـع شـده بودیـم، نـه تیمـی بـرای رسیـدن بـه هـدفی متعالـی و مشـترک. مدیریـت بیشـتر در رؤیـای توسـعه بـود تـا در تـلاش واقعـی بـرای رسیـدن بـه آن. احسـاس ناامنـی در مـن چنـد برابـر شـده بـود؛ چـرا کـه دیگـر بـا سـایر اعضـا هـدف مشترکـی نداشـتم.

درآمـد برایـم اهمیـت داشـت، امـا هدفـم نبـود. احسـاس می‌کـردم اهدافـم بـا مدیریـت نیـز هماهنـگ نیسـت. روزهـای سختـی را پشـت سـر می‌گذاشـتم. در ابهـام بـودم و نمی‌دانسـتم کـدام تصمیـم درسـت اسـت. امـروز کـه بـه آن دوران نـگاه می‌کنـم، از خـودم می‌پرسـم چـرا منتظـر بـودم مدیـر پاسـخ نیازهایـم را بدهـد؟

برنامه‌هـا فقـط روی کاغـذ بودنـد و در جلسـات تنهـا وعده‌هـای تکـراری

شنیده می‌شد. این موضوع برایم آزاردهنده بود، چرا که در درونم انگیزۀ زیادی برای یادگیری و آموختن داشتم.

وقتی اجازه خواستم در دوره‌های آموزشی شرکت کنم و پس از اتمام دوره، آموخته‌هایم را با همکاران دیگر هم به اشتراک بگذارم، با مخالفت مواجه شدم. پرسشم این بود: «آیا سازمانی که می‌خواهد رشد کند، نباید از یادگیری اعضایش استقبال کند؟»

تصمیم به تغییر

در دل این احساس استثمار، تصمیم گرفتم ادامۀ تحصیل دهم. پنج‌شنبه‌ها و جمعه‌ها، با ذهنی پر از دغدغه، ناامنی، ابهام و سؤالات بی‌پاسخ، به کلاس کنکور کارشناسی ارشد می‌رفتم و باید پاسخ‌گوی نارضایتی کارکنان از دستمزدها نیز می‌بودم. چه سخت بود زخم دل را پنهان کردن و هم‌زمان همکاران را به آرامش و سازگاری دعوت کردن. شرایطی به وجود آمده بود که اطرافیان تصور می‌کردند من یکی از سهامداران مجموعه‌ام، درحالی‌که فقط یک نیروی پرتلاش با قلبی پر از آرزو برای ساختن بودم. همین فشارها باعث می‌شد گاهی رفتارم با زیرمجموعه‌ام خشک باشد. جالب آنکه مدیر به‌جای پرسش از من یا ریشه‌یابی واکنش‌هایم، از رفتارم در برابر کارمندان انتقاد می‌کرد. ازطرفی، مدیران در برخورد با برخی الزامات تصمیم‌های سلیقه‌ای می‌گرفتند و این موضوع یکی از اختلافات جدی ما بود. همیشه پاسخ می‌شنیدم: «شما زیادی سخت‌گیری!» اما من نگاه دیگری داشتم؛ معتقد بودم حوزۀ سلامت نیز مانند رانندگی یا خلبانی است و باید براساس دستورالعمل‌ها و بدون اعمال نظر شخصی پیش برود. از سوی دیگر، کارکنان آزمایشگاه معتقد بودند

که باید به اندازهٔ حقوق کار کرد و نه لزوماً طبق دستورالعمل‌ها. در این میان، نقش مدیر واقعی، و نه کسی که تنها یک رئیس است، چه باید باشد؟ امروز با اطمینان می‌نویسم که آنچه می‌گفتم درست بود، اما آن روزها، تنها پر از سؤال بودم: «آیا سخت‌گیری‌هایم بی‌دلیل است؟»

وداعی آرام، اما قاطع

شاید بپرسید چگونه آن شرایط سخت و مبهم را تاب آوردم؟ پاسخ من ساده است: با تکیه بر ارزش‌هایی که ریشه در وجودم دارند. من سرشار از عشق به خدمت به مردم بودم و تنها چیزی که زخم ناامنی‌هایم را التیام می‌بخشید، لبخند رضایت بیماران بود. من متعهد به قولم و بی‌عجله در تصمیم‌گیری بودم. اما به‌عنوان یک متولد ماه اردیبهشت، درعین‌حال که صبور بودم، زمانی که فهمیدم آنجا مناسب ماندن نیست، تصمیم به رفتن گرفتم.

در کنگرهٔ ارتقای آزمایشگاه‌ها، مدیر آزمایشگاه رقیب به من پیشنهاد همکاری داد و رئیسم ما را در حال گفت‌وگو دید. روز بعد از من پرسید که موضوع صحبتمان چه بوده است. گفتم تصمیم جدی برای ترک سازمان دارم. چند روز بعد، او پیشنهاد شراکت و خرید سهم را مطرح کرد. در ابتدا احساس خوبی داشتم و گمان می‌کردم سختی‌ها بالاخره نتیجه داده‌اند، اما با شناختی که از او داشتم، چندان باورش نکردم. سهم ناچیزی، بدون ثبت محضری یا قرارداد، به من پیشنهاد شد. من باز هم صبور بودم، اما افزایش مسئولیت‌ها بدون حمایت کافی، فشار زیادی به من آورده بود.

در جلسه‌ای که ساعت ۷ عصر چهارشنبه ۲۳ مرداد ۱۳۹۲ برگزار شد

و تا ساعت ۱۰ شب ادامه یافت، با قاطعیت پاسخ دادم، اما سخنی که از رئیس شنیدم، پایانی شد بر همه‌چیز:

«شما اینجا کاری نکردید؛ اینجا با مدیریت و اعتبار سهامداران رشد کرده!»

شاید درست می‌گفت. صبح به آزمایشگاه رفتم، نتایج آزمایش‌ها را گزارش کردم، وسایلم را جمع کردم و برگشتم خانه. دیگر هرگز به آن آزمایشگاه بازنگشتم و هرگز او را ندیدم. اما امید دارم که در سبک مدیریت خود تجدید نظر کرده باشد.

در جست‌وجوی پاسخ

من سازمان را ترک کردم، درحالی‌که با رؤیاها و مجموعه‌ای از سؤالات بی‌پاسخ تنها مانده بودم:

- مدیر خوب کیست؟
- مدیر میانی باید چه ویژگی‌هایی داشته باشد؟
- استاندارد چیست و چگونه باید آن را پیاده کرد؟

برای پیدا کردن پاسخ سؤال‌هایم، به همکاری و بازدید از آزمایشگاه‌های مختلف در تهران پرداختم و دوره‌های استاندارد بین‌المللی سیستم مدیریت کیفیت در آزمایشگاه را گذراندم. با کمال تعجب متوجه شدم آنچه با قلبم و به‌صورت شهودی انجام می‌دادم، مطابق با استانداردها بوده است و تنها شمارهٔ بند آن را نمی‌دانسته‌ام! از نحوهٔ برخورد با بیماران تا نحوهٔ صدور پاسخ آزمایش‌ها، درست عمل کرده بودم، اما یک نکته را نمی‌دانستم: کارکنان آزمایشگاه نیز مشتریان سازمان هستند و توجه به احساسات، نیازها و انگیزهٔ آن‌ها نیز بخشی از استانداردهاست.

دورهٔ «مدیریت اجرایی مراکز درمانی» را نیز با موفقیت گذراندم. با مفاهیم سازمانی، تیم‌سازی، تفاوت تیم و گروه، و اصول مدیریت منابع انسانی آشنا شدم. هنوز اما سؤال اصلی در ذهنم بی‌پاسخ مانده بود: چگونه این اصول را پیاده‌سازی کنم؟

تولدی دوباره

اینجا بود که با فرایند کوچینگ آشنا شدم و همان‌طور که باور دارم اگر با خودت صادق باشی، خداوند و کائنات راه را نشانت خواهند داد، به دنبال یک استاد خوب گشتم.

در سال ۱۴۰۱ با یک مجموعه آشنا شدم، اما نتوانستم با استاد و جلسهٔ آموزشی ارتباط برقرار کنم. سپس در اینستاگرام، ویدئویی از دکتر شهاب اناری دربارهٔ رسالت وجودی دیدم. انگار کلید در قفل بستهٔ ذهنم چرخید. در دورهٔ تربیت کوچ حرفه‌ای در آکادمی بین‌المللی ایشان شرکت کردم.

در بهمن ۱۴۰۳، شهرزاد جدیدی متولد شد. در دورهٔ تربیت کوچ حرفه‌ای پاسخ تمام سؤالاتم را یافتم و نحوهٔ اجرای دانسته‌هایم را آموختم. پس از پایان دوره به دنبال فرصتی برای اجرای رسالتم بودم. در یک برنامه، با فردی که مدرک دکترای کسب‌وکار داشت و منتور[1] بین‌المللی بود آشنا شدم و تصمیم گرفتم برای استقرار فرهنگ کوچینگ در سازمان‌های درمانی، به‌ویژه جامعهٔ آزمایشگاهی، اقدام کنم. برای چند مرکز بزرگ پروپوزال نوشتم و آزمایشگاهی در سعادت‌آباد اولین پاسخ مثبت را داد.

---

1 Mentor

تفکر مشترک، بیان مشترک

مسئول فنی این مرکز، آقای دکتر یعقوبی، دیدگاهی بسیار نزدیک به دیدگاه من داشت. او تنها فردی بود که به شباهت میان آزمایشگاه و صنعت هوانوردی باور داشت؛ جایی که کارکنان و مراجعان هر دو از ارزشمندترین سرمایه‌های انسانی هستند، هر دو حوزه نیازمند دقت بالا، هماهنگی تیمی بی‌نقص و پایبندی به پروتکل‌هایی دقیق برای تضمین ایمنی و کیفیت هستند و کوچک‌ترین خطا می‌تواند پیامدهای جدی داشته باشد. البته با وجود این شباهت‌ها، آزمایشگاه با چالش‌های انسانی‌تری همچون تعامل مستقیم با بیماران و مدیریت احساسات و اضطراب آن‌ها نیز روبه‌روست که آن را از فضای صنعت هوانوردی متمایز می‌سازد.

دکتر یعقوبی با مطالعه در حوزه‌هایی فراتر از تخصص پزشکی، برای جذب و حفظ نیروهای شایسته و توسعهٔ توانمندی‌های تیم خود برنامه‌ریزی می‌کرد. در مصاحبه‌ای که با ایشان دربارهٔ رهبری و استقرار فرهنگ کوچینگ داشتم، نکات بسیار مشترک و زیبایی کشف کردم. او معتقد بود رهبر واقعی کسی است که جنگنده ولی فروتن است، موفقیت را به نام تیمش می‌نویسد، مشکلات را به جان می‌خرد، مشارکتی کار می‌کند و در پی خلق دستاوردهاست.

رهبران موفق رؤیاهای بزرگ انسانی دارند و به‌دنبال پاسخ به نیازهای امروز و فردای بشریت‌اند. آن‌ها برای زیرمجموعه‌شان احترام عمیقی قائل‌اند.

ما باور داریم که:

- ترسیم ارزش‌ها و اهداف سازمانی باید توسط رهبر انجام شود.
- تحولات جهانی، از جنس فرصت و یا تهدید، نباید

ســازمان را از مســیرش منحــرف کنــد.

- ایجــاد انگیــزه در تیــم یکــی از مهم‌ترین مسئولیت‌های رهبـری اسـت.

کوچینگ: کلید رهبری مؤثر در نظام سلامت و آزمایشگاه‌ها

مــا بــر ایــن باوریــم کــه یک رهبر مؤثــر، به‌ویژه در حوزهٔ سلامت و آزمایشگاه، بایـد مهـارت کوچینـگ را به‌خـوبی فراگرفته باشد. در این حوزه، مشـتری - اعم از کارمنـد و مراجـع - نقشـی کلیـدی در موفقیت سازمان دارد.

در آزمایشــگاه، هماننـد صنعـت هواپیمایـی، مراجعیـن اغلـب مضطرب و نگـران سلامت خـود هسـتند. آن‌هـا نیازمنـد خدماتـی هسـتند کـه فراتـر از تجهیـزات فنـی، و شـامل احتـرام، همدلـی و محبـت انسـانی اسـت؛ نیـازی کـه تنهـا توسـط افـرادی پاسـخ داده می‌شـود کـه خـود، درک عمیقـی از موقعیـت مراجـع دارنـد.

از ســوی دیگـر، محصـول نهایـی مـا، یعنـی نتایـج تست‌هـای آزمایشـگاهی، بایـد دقیقـاً مطابـق بـا اسـتانداردها و دسـتورالعمل‌ها تولیـد شـود. ایـن الزامـات فضـای کاری را بـه محیطـی خشـک تبدیـل می‌کنـد.

اینجاسـت کـه بـه عمـق دیـدگاه پیتـر دراکـر[1] دربـارهٔ پیچیدگی‌هـای حـوزهٔ سـلامت، بیمارسـتان و آزمایشـگاه پی می‌بریـم. پیتـر دراکـر در یکـی از سـخنرانی‌هایش در ایـران چنیـن می‌گویـد: «بیمارسـتان‌ها از پیچیده‌تریـن سـازمان‌ها در طـول تاریـخ بشـر هسـتند کـه به‌سـختی قابـل مدیریـت می‌باشـند.»

طبـق پژوهش‌هایـی کـه در کشـور مـا انجـام شـده اسـت، کارکنـان تنهـا

---

1 Peter Drucker

۱۱ درصد از توان واقعی خود را در محیط کار به کار می‌گیرند.[1] چرا؟ کوچینگ روشی قدرتمند برای رهبری در مسیر توانمندسازی کارکنان و کاهش فاصله بین ظرفیت بالقوه و کارایی آن‌هاست. کارکنان باانگیزه، مهم‌ترین مزیت رقابتی سازمان در برابر رقبا هستند.

در کوچینگ، رهبر عضوی از تیم است، نه ناظری از بالا. در فضایی دوستانه و مبتنی‌بر اعتماد، مشکلات و چالش‌ها بدون ترس مطرح می‌شوند. چالش‌ها نه مانع، بلکه فرصتی برای یادگیری تلقی می‌شوند. این یادگیری‌ها به‌شکل روش‌های نو در سازمان نهادینه شده و مدیریت دانش هم‌راستا با توسعهٔ افقی و عمودی شکل می‌گیرد. کوچینگ می‌تواند از یک فرد عادی، عضوی پرتلاش و الهام‌بخش بسازد، اما چگونه؟ با شنیدن واقعی مطالبات، انتقادات و نظرات کارکنان و قدردانی از آن‌ها. در چنین سازمانی اثری از ساختارهای غیررسمی، ناسالم و سمی نیست، تنش‌ها جای خود را به چالش‌های رشددهنده می‌دهند، گروه به «تیم» تبدیل می‌شود و این تیم است که سازمان را به اهدافش نزدیک‌تر می‌کند.

مدیری که فقط به شیوهٔ دستوری عمل می‌کند، شاید در کوتاه‌مدت باعث جهش شود، اما برای ایجاد یک اثر ماندگار، رهبری واقعی و اصولی لازم است. در سازمان‌هایی که فرهنگ کوچینگ وجود ندارد، توان مدیریتی حتی از مجموع توانایی‌های افراد نیز کمتر است؛ زیرا تنش میان افراد باعث فرسایش انرژی و شکست پروژه‌ها می‌شود.

---

1   Khodayari Shoti, N. (2021). Iran; Resource Management, National Capital and Its Impact on the Socio-Economic Status of People. *IOSR Journal of Humanities And Social Science*.

کوچینگ: تحول انسان‌محور در نظام سلامت

کوچینگ فرصتی بـرای واکاوی اسـت؛ فرصـتی بـرای اینکـه فرد بتوانـد مسیر زنـدگی‌اش را مزه‌مزه کنـد، بـدون قضاوت یـا برچسب‌زنی، آن را بفهمـد، از آن بیامـوزد، و بـرای ادامـهٔ راه برنامه‌ریزی کنـد. ایـن مسیـر بـرای هرکـس منحصربه‌فرد اسـت و کوچینـگ بسـتر امنـی بـرای کشـف و پذیـرش آن فراهـم می‌کنـد.

اکنـون کـه بـه مسیر زنـدگی و حرفه‌ام نـگاه می‌کنـم، درمی‌یابـم کـه کوچینگ بـرای مـن تنهـا یـک ابـزار رشـد فـردی نیسـت، بلکـه فنـاوری‌ای مؤثر بـرای ایجـاد تحول در سطوح عمیق‌تـر، به‌ویـژه در نظام سلامت و فضای علمی و آزمایشـگاهی اسـت. در محیط‌هایـی کـه بـا داده‌هـا، دقت و دستورالعمل هدایـت می‌شـوند، کوچینـگ بُعـدی انسـانی وارد می‌کنـد: حضور آگاهانـه، بازتـاب درونـی و توانمندسـازی بـرای تصمیم‌گیری مؤثر. ایـن رویکرد می‌توانـد بـه متخصصان کمـک کنـد تـا در مواجهه با تغییـرات، چالـش هـا و هیجانات، بـا انعطاف‌پذیـری و وضـوح بیشـتری عمـل کننـد.

بـا تجربـه‌ای کـه در تقاطـع علـم و توسعـهٔ فـردی داشـته‌ام، عمیقـاً بـاور دارم کـه ادغـام کوچینـگ در سیسـتم سلامت و سـاختارهای تحقیقـاتی نه‌تنهـا یـک انتخـاب آگاهانـه، بلکـه ضرورتـی بـرای آینـده‌ای پایدارتـر و انسـانی‌تر اسـت. کوچینـگ می‌توانـد فضایـی از امنیـت روانـی، رهبـری اخلاق‌مـدار و ارتباطـات معنـادار ایجـاد کنـد و ایـن آغـاز تحولـی اسـت کـه نه‌تنهـا در عملکـرد حرفـه‌ای مـا، بلکـه در کیفیت مراقبـت و روابط انسـانی مـا نیـز تأثیـر خواهـد گذاشـت. ایـن آغـازی اسـت بـرای تغییـری کـه شـاید انسانِ امـروز، بیـش از هـر زمـان دیگـری بـه آن نیـاز دارد.

کوچینگ، رویکردی نوین در مدیریت مراکز درمانی در حوزهٔ سلامت

دربارهٔ نویسنده

شــــهرزاد فخـری متخصصـی پیشـرو در حـوزهٔ ارتقـای کیفیـت خدمـات سـلامت و توسـعهٔ سـازمانی در آزمایشـگاه‌ها اسـت. او بنیان‌گـذار شـرکت آمـوزش و توسـعهٔ کیفیـت ویسـتا اسـت؛ نهـادی کـه بـه آزمایشـگاه‌های نوپـا و متوسـط کمـک می‌کنـد تـا بـا اسـتقرار سیسـتم‌های مدیریـت کیفیـت مبتنی‌بـر اسـتانداردهای بین‌المللـی ماننـد ایـزو ۱۵۱۸۹ و ایزو ۹۰۰۱، مسیر رشد پایدار را طی کنند.

در کنـار پیاده‌سـازی ایـن سیسـتم‌ها، او به‌عنـوان کـوچ سـازمانی بـا رویکـردی نوآورانـه، در حـوزهٔ کمـک بـه سـاخت تیم‌هـای منسـجم، جایگزینـی مـدل رهبـری به‌جـای مدیریـت سـنتی، و ایجـاد فرهنـگ سـازمانی مبتنی‌بـر کوچینـگ در مراکـز درمـانی و آزمایشـگاهی فعالیت

می‌کند. تمرکز ویژهٔ او بر نقش نیروی انسانی به‌عنوان عامل کلیدی در کیفیت خدمات و رضایت مشتری است.

شهرزاد بیش از ۲۵ سال تجربهٔ حرفه‌ای در حوزهٔ علوم آزمایشگاهی دارد و در سمت‌های سوپروایزری و مسئولیت بخش‌های تخصصی در آزمایشگاه‌های تشخیص طبی، پاتوبیولوژی و ژنتیک در تهران خدمت کرده است. او با تکیه بر همین تجربیات، به درک عمیقی از چالش‌های درون‌سازمانی و نیازهای واقعی مراکز درمانی دست یافته است.

سوابق تحصیلی و تخصصی شهرزاد به شرح زیر است:

- کارشناسی علوم آزمایشگاهی از دانشگاه علوم پزشکی جندی شاپور اهواز
- کارشناسی ارشد ژنتیک از دانشگاه علوم پزشکی آزاد تهران
- دورهٔ مدیریت اجرایی مراکز درمانی[1] از جهاد دانشگاهی دانشگاه شهید بهشتی
- دورهٔ ممیزی و سرممیزی ایزو ۱۵۱۸۹ از شرکت A.K.S، نمایندهٔ رسمی A.S.C.B[2] انگلستان
- دورهٔ تربیت کوچ حرفه‌ای از آکادمی ستارهٔ شمال کانادا زیر نظر دکتر شهاب اناری (تأییدشده توسط فدراسیون بین‌المللی کوچینگ[3])

باور عمیق شهرزاد این است که هیچ‌چیز بدون رشد فردی و تیمی پایدار نمی‌ماند. او معتقد است که کیفیت واقعی از دل احترام به

1 Health Care MBA
2 Accreditation Service for Certifying Bodies
3 International Coaching Federation (ICF)

انسـان، آمـوزش مسـتمر و رهبـری آگاهانـه شـکل می‌گیـرد. تجربیـات چالش‌برانگیـز شـهرزاد الهام‌بخـش مسیـر حرفـه‌ای او شـد تـا بـا آموختـن، خـود را بازآفریـنی کنـد و امـروز بتوانـد بـه دیگـران در راه عبـور از چالش‌هـا کمـک کنـد.

راه‌های ارتباط با نویسنده:

shahrzad-fakhri

enso.fakhr.coach@gmail.com and

sh.fakhr۰۲۱@gmail.com

Enso.coachiing

Enso Coaching

+۹۸۹۹۱۲۳۰۵۱۳۲ و +۹۸۹۱۲۳۴۵۹۲۷۹

جست‌وجوی حقیقت

سفری به‌سوی خودآگاهی،
دگرگونی و کشف خویشتن

دکتر رویا گراوند

جست و جوی حقیقت
سفری به‌سوی خودآگاهی، دگرگونی و کشف خویشتن
دکتر رویا گراوند
کوچ، مدیر پروژه و تحلیلگر کسب‌وکار

اگـر منتظـر شـخص دیگـر یـا زمـان دیگـری باشیـم تغییـری رخ نخواهـد داد. مـا همـان کسـانی هسـتیم کـه منتظرشـان بوده‌ایـم. مـا همـان تغییـری هسـتیم کـه بـه دنبالـش می‌گشـتیم.[1]

سفری به‌سوی ناشناخته‌ها

تصـور کـن در جنگلـی مه‌آلـود قـدم می‌زنـی. سـایه‌های درختـان بلنـد، نجـوای برگ‌هـای خشـک زیـر پاهایـت، صـدای مرمـوز بـاد میـان شـاخه‌ها؛ همـه چیـز تـو را در دل ناشـناخته‌ای بـزرگ فـرو می‌بـرد. گاهی قلبـت از تـرس می‌تپـد و گاهی کنجـکاوی چشـمانت را روشـن می‌کنـد. این جنگل، مسیر زندگی است؛ جایـی کـه تـو بارهـا و بارهـا در آن گـم می‌شـوی تـا راهـی بـرای یافتـن خویشـتن بیابـی.

آیـا تابه‌حـال از خـودت پرسیده‌ای کـه چـرا بـا وجـود همـهٔ تلاش‌هایـت، چیـزی درونـت خـالی اسـت؟ چـرا در میـان دسـتاوردهای متعـدد و موفقیت‌هـای رگبـاری‌ات، هنـوز هـم یـک جـای کار می‌لنگـد؟ تـو تنهـا نیسـتی. بسـیاری از مـا روزی در چنیـن نقطـه‌ای ایسـتاده‌ایم. اینجاسـت کـه زنگ‌هـای هشـدار بـه صـدا درمی‌آینـد و ضرورتِ تغییـر و دگرگونـی آشـکار می‌شـود؛ تغییـری کـه از درون آغـاز می‌شـود و تـو را بـه نسـخه‌ای

---

1   Change will not come if we wait for some other person or some other time. We are the ones we've been waiting for. We are the change that we seek.

قوی‌تر، آگاه‌تر و آزادتر از خودت تبدیل می‌کند.

مسئلهٔ اصلی این است که بسیاری از ما تغییر را تا دقیقهٔ نود، یا تا لحظه‌ای که ناگزیر شویم و کارد به استخوان برسد، به تعویق می‌اندازیم. وقتی زندگی شوک‌های ناگهانی به ما وارد می‌کند و یا دردی عمیق قلبمان را تا عمق جان می‌فشارد. چرا باید منتظر این شوک‌ها بمانیم؟ چرا آگاهانه تغییر را انتخاب نکنیم؟

چه می‌شود اگر روزی از خواب برخیزی و دریابی که سال‌های سال فقط زنده بوده‌ای اما زندگی نکرده‌ای؟ زندگی یعنی تجربه، تغییر، رشد و تولدی دوباره در میان تاریکی‌ها. اما برای این دگرگونی، باید پاورچین‌پاورچین وارد سرزمین ابهام شوی و به خودت جرئت عبور از مرداب‌های جهل و ناتوانی را بدهی. لحظاتی خواهد رسید که در آن‌ها شک می‌کنی و رنج می‌بری، اما همین لحظات نویدبخش این هستند که در هر شرایط و موقعیتی که هستی، چه در اوج قلهٔ (به‌ظاهر) موفقیت و چه در قعر چاه ناامیدی، هنوز فرصت تغییر و آغاز این سفر شگفت‌انگیز را داری؛ چون از بزرگ‌ترین موهبت هستی، نفس کشیدن، برخوردار هستی و دم و بازدم تو در جریان است.

این فصل نشانه‌های ورود به سفر درونی، ضرورت آن و ابزارهای مورد نیاز برای پیمودن این مسیر پر پیچ و خم را به تو می‌آموزد و این اطمینان را به قلب تو می‌دهد که تو تنها کسی نیستی یا نخواهی بود که در آستانهٔ ورود به این سفر، یا در میانه و انتهای آن هستی؛ همهٔ ما دیر یا زود با دردی بیشتر یا کمتر ناگزیر به سفر، تغییر و تحول درونی، رشد و تکامل هستیم.

راز پنهان درون

در دل کوهستان‌های دوردست، در میان دشت‌های پهناور و جنگل‌های انبوه، آهویی ظریف، چالاک و باشکوه زندگی می‌کرد؛ آهویی که همگان او را به نام آهوی خُتن[1] می‌شناختند. او بویی سحرآمیز داشت؛ عطری دل‌انگیز که در نسیم جاری می‌شد و مشام هر رهگذری را پر می‌کرد. اما خودِ آهو از این راز بی‌خبر بود و نمی‌دانست که این رایحه از کجا سرچشمه می‌گیرد. هر بار که بادی نرم می‌وزید و رایحه‌ای دل‌انگیز را در فضا پخش می‌کرد، آهوی خُتن، که سرمست از این عطر بی‌نظیر می‌شد، به جست‌وجوی منبع آن برمی‌خاست. در جست‌وجوی این بوی جادویی، روزها و شب‌های درازی را سرگردان شد؛ از دره‌ها گذشت، از کوه‌ها بالا رفت، در جنگل‌ها پرسه زد، به گلزارها سرک کشید و در چشمه‌ها زلالی آب را جُست. اما هر بار که به مقصدی نزدیک می‌شد، رایحه دورتر به نظر می‌رسید. تا آنکه روزی، پس از سال‌ها جست‌وجوی بی‌حاصل، در اوج درماندگی، زمانی که دیگر رمقی برای ادامه دادن نداشت، از فرط ناامیدی و خستگی در میان علفزارها افتاد و برای نخستین‌بار دست از جنگیدن و دویدن برداشت و خیره به آسمان آبی و پهنای عظمت هستی شد. همان لحظه بادی وزید و بوی مشک در فضا پیچید. ناگهان آهو برای اولین‌بار حقیقت را دریافت: آنچه در تمام این سال‌ها در پی‌اش بوده، در درون خود او نهفته بوده است.[2]

بیرون ز تو نیست هرچه در عالم هست
در خود بطلب هرآنچه خواهی که تویی[3]

---

1 Musk Deer

۲ اشاره به مفاهیم ادبیات عرفانی فارسی، به‌ویژه آثار مولانا و عطار نیشابوری

۳ مولانا، دیوان شمس

نشانه‌های ورود به سفر و نیاز به دگرگونی

در زندگی لحظاتی هست که گویی در برزخی از شک و بی‌هدفی معلق مانده‌ایم. حس می‌کنیم چیزی درونمان کم است، اما نمی‌دانیم چیست. به راه‌های بی‌شماری سرک می‌کشیم و در جست‌وجوی چیزی نامرئی و در عین حال قدرتمند در زندگی هستیم. اما هرچه بیشتر می‌دویم، بیشتر احساس گم‌گشتگی و سرگردانی می‌کنیم. این جست‌وجو تا کِی ادامه دارد؟ آیا باید منتظر باشیم که روزی زندگی ما را با ضربه‌ای سخت به خود بیاورد؟ یا می‌توانیم خودمان، هوشیارانه، مسیر دگرگونی را انتخاب کنیم؟

نشانه‌های ظریف اما عمیق زیادی در زندگی روزمرهٔ ما وجود دارند که هشدار می‌دهند مسیر کنونی دیگر پاسخگوی روح ما نیست. برخی از مهم‌ترین این نشانه‌ها عبارت‌اند از:

۱. **احساس پوچی و بی‌هدفی:** اگر احساس می‌کنی هیچ‌چیز در زندگی قلب تو را به تپش درنمی‌آورد و تو را هیجان‌زده نمی‌کند، شاید وقت آن رسیده است که در مسیرت بازنگری کنی. رسیدن به حس پوچی مختص افراد شکست‌خورده و ناکام نیست، بلکه بیشتر اوقات افراد وقتی به این مرحله می‌رسند که در ظاهر ممکن است بسیار موفق باشند اما در درون به‌شدت تهی و خالی شده باشند. این حس یکی از بزرگ‌ترین نقاط عطف و زمینه‌ساز ایجاد تغییرات اساسی و حتی تحول در زندگی ماست؛ به شرط اینکه بتوانیم آن را در آغوش بکشیم و به فرصت تبدیل کنیم.

۲. **تکرار اشتباهات مشابه:** آیا بارها در چرخه‌ها و

شـرایط یکسـانی قـرار گرفتـه‌ای کـه نتیجـه‌ای ناامیدکننـده داشـته باشـد؟ تکـرار ایـن الگوهـا نشـانه‌ای از وجـود باورهـای محدودکننـدهٔ ریشـه‌دار در ذهـن ناخودآگاه تـو و نیـاز اساسـی بـه تغییـر آن‌هـا اسـت.[1] بسـیاری از مـا در دایـره‌ای بسـته از تکرارهـا گیـر افتاده‌ایـم. هـر روز بـا همـان افکـار، احساسـات، و عادت‌هـای قدیمـی از خـواب برمی‌خیزیـم. در ایـن میـان، صدایـی خفیـف از درونمـان نجـوا می‌کنـد کـه چیـزی کـم اسـت، چیـزی بایـد تغییـر کنـد. امـا اغلـب ایـن صـدا را نادیـده می‌گیریـم، چـون تغییـر و تـرک عـادات قدیمـی همچـون شکسـتن پیلـه‌ای سـخت و تاریـک اسـت. امـا مگـر نـه ایـن اسـت کـه زیبایـی پروانـه نتیجـهٔ شکسـتن پیلـه‌ای اسـت کـه روزگاری او را اسـیر خـود کـرده بـود؟

۳. **احسـاس گیـر افتـادن و عـدم رضایـت قلبـی:** حـس می‌کنـی در قفسـی نامرئـی گرفتـار شـده‌ای کـه راه گریـزی از آن نیسـت، بـه بن‌بسـت رسـیده‌ای، بـا یـک سـقف شیشـه‌ای بـه اسـتحکام فـولاد مواجـه شـده‌ای و هیـچ راهـی بـرای حرکـت رو بـه جلـو و پیشـرفت نـداری؛ امـا نمی‌دانـی کـه شـاه‌کلید آزادی‌ات در دسـت خـودت اسـت.

۴. **تـرس از آینـده و فقـدان معنـا[2] در زندگـی:** آینـده برایـت بیـش از حـد مبهـم و ترسـناک بـه نظـر می‌رسـد و درگیـر اضطـراب، گیجـی و سـردرگمی هسـتی؟ شـاید ریشـهٔ احساسـات تـو ایـن باشـد کـه در عمـق وجـودت می‌دانـی مسـیر فعلـی‌ات بـه جایـی خـتم نمی‌شـود. شـاید

---

1   Jung, C. G. (1959). *Aion: Researches into the Phenomenology of the Self.* Princeton University Press.

2   Frankl, V. E. (2006). *Man's Search for Meaning.* Beacon Press. (Originally published in 1946).

خشت‌های نخستین و پایه‌های زندگی‌ات را از همان آغاز در زمینی سست و اشتباه قرار داده‌ای. هرچه که باشد، ذهن تو چون کلافی سردرگم شده و روز به روز انرژی روانی بیشتری از تو تخلیه می‌کند.

۵. **افسردگی و خستگی مزمن:** وقتی بدن و ذهنت مدام احساس فرسودگی می‌کند، یعنی در حال تحمل چیزی هستی که با روح و لایه‌های عمیق روان تو سازگار نیست. این زنگ خطر حاکی از تضاد و ناهماهنگی شناختی[1] در روح و جان و عمل و رفتار توست که سال‌ها روی آن سرپوش گذاشته شده ولی سایهٔ نحس آن از انرژی ناب هستی تو تغذیه می‌کند.

ضرورت دگرگونی: چرا باید تغییر کنیم؟

اگر در برکه‌ای آرام به سطح آب خیره شوی، بازتابی از خودت را خواهی دید. اما کافی است سنگی به آب بیندازی: تصویر تغییر می‌کند، موج‌ها پدیدار می‌شوند و سطح آرام برکه به تلاطم می‌افتد. این همان چیزی است که تغییر و تحول در زندگی ما رقم می‌زند: حرکتی در عمق وجود، شکستن سکون و تولدی دوباره.

تغییر قانونِ گریزناپذیر زندگی است. همان‌طور که طبیعت زیبا در چهار فصل متحول می‌شود، ما نیز باید اجازه دهیم فصل‌های زندگی‌مان تغییر کنند. جهان پیوسته در حال تغییر و دگرگونی است؛ اما ما، برخلاف طبیعت، اغلب در برابر تغییر مقاومت می‌کنیم و از آن می‌ترسیم. چرا؟

---

1 Festinger, L. (1957). *A theory of Cognitive Dissonance*. Stanford University Press.

زیرا تغییر عبور از ناشناخته‌هاست. ما به زندگی روزمرهٔ خود خو گرفته‌ایم؛ به عادت‌هایی که هرچند ما را راضی نمی‌کنند، ولی دست‌کم آشنا هستند. شکستن این الگوها، خروج از منطقهٔ امن و پذیرفتن عدم قطعیت، به نظر دشوار می‌آید. اما مگر نه اینکه هر شکوفایی از دلِ تغییری عمیق برمی‌خیزد؟

اگر در برابر تغییر مقاومت کنیم و به گذشتهٔ خویش بچسبیم، دچار رکود می‌شویم و تنها چیزی که نصیبمان می‌شود رنجی بی‌پایان خواهد بود. نخستین گام برای تغییر چیست؟ خودآگاهی[1]؛ خودآگاهی و شناخت عمیق از خودمان، باورها، احساساتمان، و آنچه ما را در تجربهٔ زندگی‌ای از جنس طبیعت و نور محدود کرده است.

خودآگاهی: کلید کشف خویشتن و تغییر

آهوی خُتن سال‌ها به دنبال بویی می‌گشت که از خودش برمی‌خاست؛ این همان وضعیتی است که ما نیز در آن گرفتار می‌شویم. تا زمانی که خودآگاهی نداشته باشیم، درک نمی‌کنیم که منشأ بسیاری از احساسات و مشکلات از درون خودمان است. خودآگاهی یعنی نگاه به درون و شناخت زخم‌ها، ترس‌ها، رؤیاها و توانایی‌هایی که شاید تاکنون از آن‌ها بی‌خبر بوده‌ایم. بدون خودآگاهی، هر تغییری سطحی خواهد بود، چرا که هنوز نمی‌دانیم باید چه چیزی را تغییر دهیم.[2]

آن‌کس که بداند و بخواهد که بداند — خود را به بلندای سعادت برساند
آن‌کس که بداند و نداند که بداند — با کوزهٔ آب است ولی تشنه بماند
آن‌کس که نداند و بخواهد که بداند — جان و تن خود را ز جهالت برهاند[3]

1 Self-awareness

2 Rogers, C. (1961). *On Becoming a Person: A Therapist's View of Psychotherapy* Houghton Mifflin.

۳ ملا احمد نراقی

خودآگاهی مؤلفه‌ها و ابعاد مختلفی دارد: خودآگاهی جسمی، خودآگاهی روانی، خودآگاهی معنوی و خودآگاهی اجتماعی.

مدل **پنجرهٔ جوهری**[1] یکی از ابزارهای قدرتمند در مسیر خودآگاهی است که مدل بازخورد / افشای خودآگاهی[2] نیز نامیده می‌شود. این مدل[3] که در سال ۱۹۹۵ توسط دو روان‌شناس به نام‌های جوزف لافت[4] و هری اینگهام[5] ارائه شده است، چهار زون یا بخش اصلی دارد:

۱. **ناحیهٔ آشکار**[6]: آنچه هم خودمان و هم دیگران دربارهٔ ما می‌دانند؛ علایق و خواسته‌ها، ویژگی‌های شخصیتی، مهارت‌ها و رفتارهایی که برای همه واضح است.

۲. **ناحیهٔ کور**[7]: ویژگی‌هایی که دیگران در ما می‌بینند، اما خودمان از آن‌ها بی‌خبریم. این همان جنبه‌ای از وجودمان است که تنها از طریق گرفتن بازخورد[8] از دیگران می‌توانیم کشف کنیم. در این ناحیه، نقش کوچ[9] به‌عنوان فردی خیرخواه و عاری از قضاوت می‌تواند بسیار مثمر ثمر باشد.

۳. **ناحیهٔ پنهان**[10]: بخش‌هایی از وجود ما که خودمان

---

1 "Johari" window model
2 Feedback/disclosure self-awareness
3 Luft, J; Ingham, H. (1955). The Johari window, a Graphic Model of Interpersonal Awareness. *Proceedings of the western training laboratory in group development*. Los Angeles: University of California, Los Angeles.
4 Joseph Luft
5 Harry Ingham
6 Open area / arena
7 Blind area
8 Feedback
9 Coach
10 Hidden area

می‌شناسیم، امـا از دیگـران پنهـان می‌کنیـم؛ ماننـد ترس‌هـا، رؤیاهـا و احساسـات سرکوب‌شـده. وقتی شـناخت و اعتمـاد بیشـتری بیـن مـا و اطرافیانمـان شـکل می‌گیـرد، می‌توانیـم بـا خودافشـایی[1] اطلاعاتـی از خـود ارائـه کنیـم.

۴. **قلمـرو بکـر یـا سـرزمین ناشـناخته[2]:** جنبه‌هایی کـه نـه خودمـان و نـه دیگـران از آن‌هـا آگاه نیسـتیم. این بخش دنیایی از اسـتعدادها، محدودیت‌هـای ذهنـی، شـرطی‌شـدگی‌ها، ضعف‌هـا و ظرفیت‌هایـی اسـت کـه تنهـا در سـفر عمیـق درونـی کشـف خواهنـد شـد. هرچه خودآگاهی فرد بیشـتر شـود، از وسـعت این ناحیـهٔ ناشـناخته کـم شـده و به ناحیـهٔ آشـکار افـزوده می‌گـردد. فراینـد کوچینـگ بـا پرسـیدن سـؤالات قدرتمنـد و بـه فکـر فـرو بـردن مراجـع، می‌توانـد به یافتن پاسـخ‌ها و ریشـه‌های مسئله و فراتـر رفتـن از لایه‌هـای سـطحی کمـک کنـد.

هرچـه آگاهـی مـا نسـبت بـه ایـن چهـار ناحیـه بیشـتر شـود، سـفر درونـی مـا عمیق‌تـر و ارتبـاط مـا بـا خودمـان و دیگـران روشـن‌تر و شـفاف‌تر خواهـد شـد.

کوچینگ و سلف‌کوچینگ[3]: راهی برای عبور از مه زندگی

کوچینـگ هنـری اسـت بـرای همـراهی فرد در مسـیر تغییـر و دگرگـونی[4]. یک کـوچ حرفـه‌ای، بـا مهارت‌هـا و صلاحیت‌هـای خـود کمک می‌کنـد تا ذهن مراجـع از حالـت سـردرگمی و آشـفتگی دربیایـد و بـه نظـم و وضـوح دسـت یابـد. امـا ایـن خـود فرد اسـت کـه بایـد قـدم بـردارد و دسـت بـه اقـدام بزند.

---

1 Self-disclosure
2 Unknown Area
3 Self-coaching
4   Elias, S. (2012). *Coaching: A Path to Personal Transformation*. New York: Insight Publications

اگر کـوچ نداشـته باشیـم چـه؟ در اینجـا سلف‌کوچینـگ[1] اهمیـت پیـدا می‌کنـد. ایـن یعنـی خودمـان کـوچ خـود باشیـم. امـا چگونـه؟

پرسیدن سؤالات قدرتمند:

چه چیزی در زندگی من نیاز به تغییر دارد؟

کدام باورهای من، مرا از پیشرفت بازمی‌دارند؟

اگر هیچ ترس و محدودیتی وجود نداشت، چه مسیری را انتخاب می‌کردم؟

بازخـورد گرفتـن از دیگـران: اصولاً مـا نقـاط کـور شخصیتـی خـود را نمی‌بینیـم. گرفتـن بازخـورد از افـراد معتمـد می‌توانـد کمـک کنـد تـا تصویر واضح‌تـری از خودمـان داشـته باشیـم. گاهی مـا شـبیه چشـم هسـتیم کـه دیگـران را مشـاهده می‌کنیـم امـا قـادر بـه دیـدن خـود نیسـتیم.

ز من بشنو حدیث بی کم و بیش   ز نزدیکی تو دور افتادی از خویش[2]

مشـاهده و ثبـت افـکار، احساسـات و رفتارهـا: داشـتن دفترچـه‌ای بـرای ثبـت افـکار، احساسـات و واکنش‌هـای روزمـره می‌توانـد به‌تدریـج الگوهـای ذهـنی ناکارآمـد[3] مـا را آشـکار کنـد.

تمریـن حضـور در لحظـه: ذهن‌آگاهی[4] یـکی از ابزارهـای قدرتمنـد برای تقویـت خـودآگاهی اسـت.[5] اگـر لحظـه‌ای توقـف کنیـم و بـه درون خـود بنگریـم، شـاید دریابیـم کـه پاسـخ همـهٔ سـؤالات در سـکوت درون نهفته اسـت.

1 Fischer, J. (2017). *Self-Coaching and Mental Strength: Techniques for Personal Change*. London: Mind Path Press.

۲ شیخ محمود شبستری

3 Beck, A. T. (1976). *Cognitive Therapy and Emotional Disorders*. New York: International Universities Press.

4 Mindfulness

5 Kabat-Zinn, J. (1994). *Wherever you go, there you are: Mindfulness meditation in everyday life*. Hyperion.

چگونه تغییر کنیم؟

تغییر یک جهش ناگهانی نیست و یک‌شبه رخ نخواهد داد، بلکه سفری است که باید گام‌به‌گام طی شود. اما اگر بدانیم چگونه در مسیر دگرگونی گام برداریم، می‌توانیم با درد و رنج کمتری این فرایند تغییر و تحول را طی کنیم و به بهترین نسخهٔ خود[1] تبدیل شویم.

بسیار سفر باید تا پخته شود خامی[2]

در اینجا چند راهکار اساسی برای آغاز کردن این مسیر و ماندن در آن ارائه کرده‌ایم:

۱. **تقویت خودآگاهی:** قبل از هر دگرگونی، باید بفهمی که چه چیزی در درونت نیاز به تغییر دارد و مسئلهٔ اصلی تو چیست.

۲. **پذیرش تمام و کمال مسئولیت زندگی:** زندگی تو نتیجهٔ انتخاب‌های توست. اگر شرایطی را که در آن هستی دوست نداری، خودت باید آن را تغییر دهی. بخشی از زندگی برای ما اتفاق می‌افتد، اما از زیر بار بخشی از آن که مسئولیت تغییرش را بر عهده داریم نباید شانه خالی کنیم و ادای فردی قربانی، شکست‌خورده و درمانده را دربیاوریم.

۳. **خروج از منطقهٔ امن:** هیچ رشدی در راحتی رخ نمی‌دهد. باید قدم در مسیری بگذاری که تو را به چالش بکشد. تا زمانی که در چارچوب‌های قدیمی بمانی، رشدی اتفاق نمی‌افتد. دگرگونی نیازمند ترک عادت‌های پوسیدهٔ قدیمی است.

۴. **پذیرای شکست شدن:** شکست‌ها درس‌هایی

1 Maslow, A.H. (1954). *Motivation and Personality*. New York: Harper & Row.

۲ سعدی

ارزشـمند هسـتند. از آنهـا نتـرس، بلکـه بهعنـوان سـکوی پرتـاب و نردبـان پیشـرفت از آنهـا اسـتفاده کـن. شکسـت بخشـی از مسـیر رشـد اسـت، نـه نشـانهٔ پایان راه.

۵. **روبـهرو شـدن بـا ترسهـا:** جایـی کـه بیشـترین تـرس را احسـاس میکنـی، همـان جایـی اسـت کـه بیشـترین رشـد در انتظـار توسـت.

۶. **بهرهگیـری از کوچهـا و راهنمایـان:** گاهـی بـرای دگرگونـی نیـاز بـه فـردی داریـم کـه مسـیر را بـه مـا نشـان بدهـد. کوچهـا، روانشناسـان و راهنمایـان معنـوی میتواننـد در ایـن مسـیر همـراهت باشـند. خودشناسـی، دروننگـری و سـلفکوچینگ نیـز در پیمـودن ایـن مسـیر بـه یاریـات میآینـد. بـا کسـب دانـش و مهـارت، یادگیـری از اقـدام و تمریـن و تکـرار مـداوم میتـوان بهتدریـج فراینـد رشـد را طـی کـرد.

۷. **تبدیـل تغییـر بـه عـادت:** هـر روز یـک گام کوچـک بـردار و کمـی بهتـر از دیـروز خـودت بـاش. تغییـرات بـزرگ از عادتهـای کوچـک روزانـه آغـاز میشـوند.

بازگشت به سرچشمه: جایی که نور آغاز میشود

دگرگونـی اغلـب بـا درد همـراه اسـت؛ امـا دردِ آگاهـی دردی مقـدس اسـت و هـزاران بـار شیرینتـر از رنـجِ مانـدن در مـرداب نادانـی و ناتوانـی اسـت. گام نهـادن در سـفر درونـی و مسـیر تغییـر نیـاز بـه عزمـی راسـخ دارد و میتوانـد سـرآغاز فصلـی نـو از زندگـی تـو و نقطـهٔ شـروع یـک تحول عمیق باشـد؛ سـفری کـه در آن از زنجیرهـای مرئـی و نامرئـی گذشـته آزاد میشـوی، نقابهـای دروغیـن را کنـار میگـذاری، و بـا عشـق و احتـرام بـه خـودت، راهـی تـازه انتخـاب میکنـی. راهـی کـه میتوانـد نجاتبخـش زندگـی درونـی و بیرونـی تو

شـود و آرامـش درونـی، رهایـی، عشـق، عـزت انسـانی و شـکوه هسـتی را در آن تجربـه کنـی و یـا حتـی تبدیـل بـه راهنمایـی بـرای افـراد دیگـر در ایـن مسـیر پـر پیـچ و خـم شـوی.

هماننـد آهـوی خُتـن، پـس از سـفری پرمشـقت درخواهیـم یافـت کـه رایحـۀ گم‌شـدۀ مشـک نـاب همـواره از درون خودمـان سرچشـمه می‌گرفتـه و تمام آنچـه بـه دنبالـش بوده‌ایـم -آرامـش، خوشـبختی، عشـق، احتـرام، ارزشـمندی- از همـان آغـاز در وجـود خودمـان نهفتـه بوده اسـت.

سال‌ها دل طلب جام جم از ما می‌کرد   وآنچه خود داشت ز بیگانه تمنّا می‌کرد[1] در مسـیر دگرگونـی، زمانـی فرامی‌رسـد کـه دیگـر نه کرم ابریشـم هسـتی و نه هنـوز پروانـه‌ای؛ نـه همان فـرد گذشته‌ای، و نه هنوز فـردی تازه. درسـت مشـابه سـفینه‌ای کـه از سـرزمین آشـنای خـود برخاسـته و اکنـون در گسـتره‌ای بی‌مرز و ناشـناخته به‌سـوی مقصـد در حـال حرکـت اسـت. طولانـی شـدن ایـن سـفر گاه تـو را خسـته، ناامیـد و دلسـرد می‌کنـد یـا احسـاس می‌کنـی در تاریکی و هالـه‌ای از ابهـام فـرو رفتـه‌ای کـه راه را بـر تـو نامعلـوم کـرده اسـت. امـا با هـر قدمـی کـه به‌سـوی خـودآگاهی و کشـف حقیقـت درونـت برمی‌داری، شـعلۀ نـور درونـت روشـن‌تر می‌شـود و تـو را یـک گام دیگـر به پروانه شـدن نزدیک‌تـر می‌سـازد؛ پروانـه‌ای زیبـا، آزاد و رهـا. ایـن مداومـت در مسـیر اسـت کـه تـو را بـه مقصـد، جایـی کـه بایـد برسـی، خواهـد رسـاند.

---

۱   حافظ

جست‌وجوی حقیقت

سفری به‌سوی خودآگاهی، دگرگونی و کشف خویشتن

دربارهٔ نویسنده

دکتـر رویا گراوند، کـوچ، مدیر پـروژه و تحلیلگر کسب‌وکار است کـه با بیش از ۱۸ سـال تجربـه در پروژه‌هـای کلان صنعت نفت و گاز، ترکیبی منحصربه‌فرد از تخصص فـنی، بینـش مدیریتی و درک انسانی را در مسیر حرفـه‌ای خـود بـه هـم پیونـد داده اسـت. او دارای گواهینامه‌های بین‌المللـی مدیریت حرفـه‌ای پـروژه[1] و تحلیلگـر حرفـه‌ای کسب‌وکار[2] از مؤسسـهٔ مدیریـت پـروژهٔ آمریکا[3] اسـت.

رویـا در سـال ۱۳۸۶ از طریـق طـرح نخبـگان بـه شـرکت نفت و گاز پارس، از شـرکت‌های زیرمجموعـهٔ شـرکت مـلی نفـت ایـران، پیوسـت؛ شـرکتی

---

1   Project Management Professional (PMP®)
2   PMI Professional in Business Analysis (PMI-PBA®)
3   Project Management Institute (PMI)

کـه مسئولیت توسـعهٔ میـدان گازی پـارس جنـوبی[1] و چندیـن میـدان راهبـردی دیگـر را بـر عهـده دارد. او دارای دکتـرای تخصصـی[2] مهندسـی نفـت (گرایـش مخـازن) از دانشـگاه تهـران اسـت و دورهٔ فرصت مطالعاتـی خـود را در دانشـگاه صنعتـی پترونـاس[3] گذرانـده اسـت. او همچنیـن دورهٔ دکتـرای مدیریـت کسـب‌وکار[4] را در دانشـگاه تهـران بـه پایـان رسـانده و تاکنـون مقـالات علمـی متعـددی در نشـریات و کنفرانس‌هـای داخلـی و بین‌المللـی منتشـر کـرده اسـت.

یکـی از نقـاط عطـف زندگـی رویـا، قـرار گرفتـن در مسـیر خودشناسـی، دگرگـونی، کوچینـگ و سـلف‌کوچینگ بـوده اسـت. علاقه‌منـدی بـه رویکردهـای روان‌درمانگرانـه و علـوم روان‌شـناختی، تجربه‌هـای زیسـته، همـراه بـا آموزش‌هـای حرفـه‌ای و مطالعـات علمـی، در کنـار مواجهـهٔ صادقانـه بـا رنـج، رشـد و معنـا، او را بـه فـردی ژرف‌نگـر و خودسـاخته تبدیـل کـرده اسـت؛ کسـی کـه می‌توانـد الهام‌بخـش، همـراه و راهنمـای دیگـران در مسـیر دگرگـونی و شـکوفایی باشـد.

وجـه تمایـز رویـا، در تلفیـق کم‌نظیـر میـان دانـش تخصصـی، مهارت‌هـای رهبـری و مدیریـتی، و نـگاهی انسـانی بـه توسـعهٔ فـردی و سـازمانی نهفتـه اسـت. او بـه افـراد، مدیـران و سـازمان‌ها کمـک می‌کنـد تـا از وضعیـت «بقـا» فراتـر رفتـه و به‌سـوی «شـکوفایی» گام بردارنـد.

رویا علاوه‌بر فارسی، به زبان‌های انگلیسی و فرانسوی نیز مسلط است و از این توانمندی برای برقراری ارتباط مؤثر و حرفه‌ای در سطح بین‌المللی بهره می‌گیرد.

---

۱ میـدان گازی پـارس جنـوبی، کـه در کشـور قطـر بـا نـام «گنبـد شـمالی» شـناخته می‌شـود، بزرگ‌تریـن میـدان گازی جهـان اسـت و بـر روی خـط مـرزی مشـترک ایـران و قطـر در خلیـج فـارس قـرار دارد.

2 Doctor of Philosophy (PhD)

3 Universiti Teknologi Petronas

4 Doctor of Business Administration (DBA)

راه‌های ارتباط با نویسنده:

Roya Geravand (PhD, DBA, PMP®, PMI-PBA®)
drroyageravand@gmail.com

صندلی سوم

جایی برای مشاهدۀ
یک ملاقات

محمد مهری

صندلی سوم
جایی برای مشاهدهٔ یک ملاقات

محمد مهری
مهندس پرواز، کوچ شفافیت ذهنی

دیدبانیِ ذهن در پروازِ زندگی
شفاف‌سازی هدف در کوچینگ

نور صبحگاهی به‌آرامی از پنجرهٔ کوچک به درون کابین سرک می‌کشید. هواپیما روی باند ایستاده بود؛ بی‌صدا، با قلبی خفته که آمادهٔ بیدار شدن بود. من روی صندلی سوم نشسته بودم؛ جایی که نه فرامین را در دست داشتم و نه تصمیمات پروازی را می‌گرفتم. وظیفهٔ من این بود که ببینم، حس کنم، و نشانه‌ها را بخوانم. خلبان و کمک‌خلبان مشغول آماده‌سازی بودند؛ چک‌لیست‌ها، تست سامانه‌ها، ارتباط با برج مراقبت... اما چیزی مهم‌تر در جریان بود: بارگذاری مقصد در سیستم پرواز.

هر پرواز، بدون مقصد و مسیر مشخص، تنها یک سرگردانی بی‌انتهاست. قبل از بلند شدن، باید مقصد تعیین شود، نقاط میانی مشخص شوند، مسیر به کامپیوتر پرواز داده شود و تمامی مختصات حرکت تعریف شوند. بدون این وضوح، حتی بهترین خلبان‌ها هم بی‌هدف خواهند بود.

در کوچینگ[1] هم همین‌طور است. هر جلسهٔ کوچینگ مثل آماده‌سازی پرواز است؛ اگر ندانیم مراجع دقیقاً می‌خواهد به کجا

1 Coaching

برسد و اگر نقشهٔ سفر ذهنی مشخص نباشد، هر گفت‌وگو فقط یک سرگردانی در آسمانِ افکار خواهد بود. هدف جلسهٔ کوچینگ هم مثل مقصد پرواز است؛ باید شفاف، دقیق و عملیاتی تعیین شود.

در آغاز هر جلسهٔ کوچینگ حرفه‌ای، کوچ همراه با مراجع، مسیر را ترسیم می‌کند:

کجا هستیم؟

کجا می‌خواهیم برویم؟

از چه نقاطی باید عبور کنیم؟

مثل وارد کردن مختصات پروازی به سیستم هدایت هواپیما، کوچینگ هم نیازمند تعیین مختصات ذهنی روشن است.

یک مثال واقعی از تجربهٔ کوچینگم

روزی مراجع جوانی روبه‌رویم نشست که فقط یک جمله گفت: «نمی‌دونم از کجا شروع کنم... فقط حس می‌کنم دارم عقب می‌افتم.» اگر اجازه می‌دادم گفت‌وگو همین‌طور مبهم پیش برود، مثل این بود که موتورها را روشن کنیم و از زمین بلند شویم، ولی ندانیم باید به کدام جهت حرکت کنیم. پس با آرامش، چراغ‌های مسیر را برایش روشن کردم: «امروز دقیقاً می‌خوای روی کدوم موضوع تمرکز کنیم؟ اگه در پایان جلسه چه چیزی تغییر کنه، احساس رضایت بیشتری خواهی داشت؟ وقتی از این اتاق خارج می‌شی، دوست داری خوشحالی‌ت بابت یافتن چه پاسخی باشه؟» کم‌کم، همان‌طور که در کابین پرواز هر پارامتر حیاتی بررسی می‌شود، هدف جلسه آشکار شد: «می‌خوام برنامهٔ روزانه‌م رو بازتعریف

کنـم تـا احسـاس پیشـرفت داشـته باشـم.»

ایـن هـدف همـان مقصـد پـروازی مـا شـد و از آن لحظـه سـفر ذهنـی واقعـی آغـاز گردیـد.

همان‌طـور کـه در پـرواز، بـدون تعییـن مقصـد، هـر چک‌لیسـت و هـر آزمایشـی بی‌معناسـت، در کوچینـگ هـم بـدون هـدف روشـن، هـر سـؤال و هـر مکـثی در مـه گـم می‌شـود.

صندلـی سـوم یعنـی دیـدن قبـل از پـرواز، یعنـی اطمینـان از اینکه مقصـد در ذهـن مراجـع روشـن شـده اسـت، یعنـی مهنـدسی مسـیر پیـش از اوج گرفتـن و اطمینـان از اینکـه در مسـیری درسـت حرکـت می‌کنیـم. اینجاسـت کـه سـفر واقعـی کوچینـگ آغـاز می‌شـود.

جایی که ذهن دیده می‌شود
ایجاد امنیت و اعتماد در کوچینگ

موتورهـا روشـن شـده بودنـد. صـدای لـرزش اولیـۀ هواپیمـا، لـرزشی کـه انـگار قلـب هواپیمـا را بـرای شـروع یـک سـفر طـولانی آمـاده می‌کـرد، در کابیـن طنین‌انـداز شـده بـود. همه‌چیـز آمـادۀ حرکـت بـود، امـا هنـوز نیـاز بـه چیـزی مهم‌تـر از مقادیـر و سیسـتم‌ها داشـتیم؛ چـون بعـد از روشـن شـدن تمـام موتورهـا، بایـد تمـام سـطوح کنتـرل پـروازی[1] چـک شـوند تـا خیالمـان از آن‌هـا راحـت باشـد و بتوانیـم بـه آن‌هـا بـرای کنتـرل هواپیمـا در آسـمان اعتمـاد کنیـم.

مـن روی صندلـی سـوم نشسـته بـودم؛ جایـی کـه هیـچ دسـتوری صـادر نمی‌کـردم و هیـچ دکمـه‌ای را نمی‌فشـردم، فقـط می‌دیـدم، می‌شـنیدم، و حـس می‌کـردم.

---

1 Flight Controls

در پـرواز، وقتـی موتورهـا شـروع بـه چرخیـدن میکننـد، هنـوز پـرواز شـروع نشـده اسـت. ایـن لحظـات، لحظـات حیاتـی ایجـاد هماهنگـی و اعتمـاد اسـت؛ اعتمـاد بـه درسـت بـودن تمـام سیسـتمها، اعتمـاد بـه سـطوح کنتـرل پـروازی، بـه پارامترهـا و بـه هواپیمایـی کـه قـرار اسـت مـا را بـه مقصـد برسـاند. بـدون ایـن اعتمـاد هیـچ پـروازی ایمـن نیسـت، حتـی اگـر همهچیـز ظاهـراً درسـت باشـد.

در کوچینـگ هـم همینطـور اسـت. قبـل از اینکـه وارد گفتوگوهـای عمیـق شـویم و قبـل از اینکـه اقـدام یـا تصمیمـی شـکل بگیـرد، بایـد فضـای امنیـت و اعتمـاد سـاخته شـود؛ فضایـی کـه در آن مراجـع احسـاس کنـد دیـده میشـود، شـنیده میشـود، و مهمتـر از همـه، قضـاوت نمیشـود، تـا ذهنـش آمـادهٔ پـرواز گـردد.

و ایجـاد امنیـت فقـط بـا حـرف ممکـن نیسـت، ایـن حضـور اسـت کـه امنیـت میسـازد؛ حضـور واقعـی کـوچ، بـا دقـت و سـکوتهای صبورانـه، نگاههـای بـدون قضـاوت و سـؤالهایی کـه بـوی کنجکاوی و مهربانـی میدهنـد.

یک مثال واقعی از تجربهٔ کوچینگم

یکـی از مراجعانـم جلسـه را بـا حالتـی بسـیار بسـته و محافظهکارانـه آغـاز کـرد. زبـان بدنـش فریـاد میزد کـه اعتمـاد کامـل نـدارد: دسـتان گرهکـرده، نگاههـای کوتـاه و فـراری، جمـلات مبهـم. آن لحظـه یـادم بـود کـه وظیفـهٔ مـن ایـن نیسـت کـه سـؤالات زیـادی بپرسـم، وظیفـهٔ مـن ایـن بـود کـه فضایـی خلـق کنـم تـا او بتوانـد خـودش را بـاز کنـد.

بـا حضـور کامـل نشسـتم و بـا چنـد جملـهٔ کوتـاه، امـا صادقانـه، شـروع کـردم: «مـن اینجـام تـا فقـط شـنوندهٔ تـو باشـم. هـر چیـزی کـه امـروز

بخوای با من به اشتراک بذاری، در امنیت کامله.»

نه فشار، نه عجله، نه قضاوت.

چند دقیقه بعد دستانش باز شد، نگاه‌هایش طولانی‌تر شد، تن صدایش آرام‌تر شد و جلسه، واقعی‌تر از آنچه تصور می‌شد، آغاز گردید.

در پرواز، هیچ‌کس قبل از اطمینان از سلامت موتورها و سیستم‌ها، اجازهٔ پرواز نمی‌دهد. در کوچینگ هم هیچ کوچ حرفه‌ای قبل از ایجاد امنیت، وارد آگاهی‌بخشی یا اقدام نمی‌شود.

صندلی سوم یعنی شنیدن لرزش‌های پنهان موتورها، دیدن تردید در چشمان مراجع و احترام به زمانی که برای ساخته شدن اعتماد لازم است. این آغاز سفر واقعی در کوچینگ است.

وقتی سکوت بلندتر از اقدام حرف می‌زند
گوش دادن فعالانه در کوچینگ

هواپیما، بعد از اینکه به‌آرامی از زمین بلند شد، به‌تدریج در دل آسمان اوج می‌گرفت. در کابین سکوتی عمیق برقرار بود؛ سکوتی پر از صدا. در آن لحظه‌ها، هر صدایی معنا داشت. لرزش موتور، تنش ملایم در کنترل‌ها، صدای مکالمه‌های کوتاه خلبانان با برج مراقبت... و من، روی صندلی سوم، نه درگیر فرامین بودم و نه سرگرم نمایشگرها؛ من با همهٔ وجودم گوش می‌کردم.

گوش دادن در پرواز فقط شنیدن کلمات نیست؛ شنیدن صداهای پنهان است: تغییرات جزیی و خیلی کوچک، لرزش‌های خفیف بدنه، یا حتی سکوت‌هایی که بیش از حد طولانی می‌شوند. هر صدایی می‌تواند خبر از چیزی بدهد که هنوز دیده نشده است.

در کوچینـگ هـم، گـوش دادن فعالانـه یعـنی شـنیدن چیـزی ورای کلمـات مراجـع؛ یعـنی شـنیدن سـکوت‌های او، توجـه بـه مکث‌هـایی کـه حرف‌های ناگفتـه‌ای در دلشـان دارنـد، لمـس تغییـر تُـن صـدا وقـتی از چیـزی حـرف می‌زنـد کـه برایش سـنگین اسـت. کـوچ فقـط شـنوندهٔ کلمات نیسـت؛ کوچ شـنوندهٔ کل وجـود مراجـع اسـت. حضور واقعی کـوچ در جلسـه، یعنی گوش دادن بـا چشـم‌ها، بـا دل، بـا حـس و بـا همـهٔ وجود.

یک مثال واقعی از تجربهٔ کوچینگم

در یـکی از جلسـات کوچینـگ، مراجعم شـروع کـرد به صحبت کـردن دربارهٔ شـغلش. کلماتـش مثبـت بـود: «خوبـه»، «راضی‌ام»، «همه‌چیـز اوکیـه»، اما لحنـش سـرد، بدنـش بی‌تحـرک و صدایـش یکنواخـت بـود. اگـر فقـط بـه کلمـات توجـه می‌کـردم گمراه می‌شـدم، اما گـوش دادن واقـعی چیز دیگری می‌گفـت. بـا ملایمـت گفتـم: «تـوی صـدات چیزی هسـت که انـگار واقعـاً از کارت لـذت نمی‌بـری. دوسـت داری کـمی بیشـتر دربـارهٔ احساسـت بـگی؟»

آن مکـث کوتـاه و آن سـؤال سـاده در را بـه دنیـایی کـه پشـت «همه‌چیـز اوکیـهِ» پنهـان شـده بـود، بـاز کـرد.

در پـرواز، نشـنیدن لرزش‌هـای کوچـک می‌توانـد آغـاز یـک بحـران خامـوش باشـد. در کوچینـگ هـم، ندیـدن نشـانه‌های ظریـف، می‌توانـد فرصـت طـلایی آگاهی را از دسـت بدهـد.

صنـدلی سـوم یعـنی شـنیدن چیـزی کـه دیگـران نمی‌شـنوند، یعـنی حضـور داشـتن نـه فقـط بـا گـوش، بلکـه بـا دل، یعـنی درک سـکوت‌ها، نـه فقـط حرف‌هـا. گاهی قوی‌تریـن تغییـرات در سـکوتی رخ می‌دهـد کـه کـسی جرئـت کـرده واقعـاً آن را بشـنود.

در دل آسمان، رازِ زمین را یافتم
برانگیختن آگاهی در کوچینگ

هواپیما به ارتفاع کروز رسیده بود. زمین مثل یک نقشهٔ بزرگ زیر پایمان گسترده شده بود؛ رودخانه‌هایی که مثل رشته‌های نقره‌ای می‌درخشیدند، جاده‌هایی که در دل کوه‌ها ناپدید می‌شدند، شهرهایی که از این بالا، فقط لکه‌هایی کوچک و بی‌صدا بودند. روی صندلی سوم، با نگاهی آرام، جهان را می‌دیدم. چیزی که از روی زمین دیده نمی‌شد، اینجا و در این ارتفاع، به‌وضوح آشکار بود.

هرچه بالاتر می‌رفتیم، الگوهای پنهان بیشتر آشکار می‌شدند: خم‌های رودخانه‌ها، نظم جاده‌ها و نقاطی که شاید از سطح زمین تنها آشفتگی به نظر می‌رسیدند، از این ارتفاع معنای تازه‌ای پیدا کرده بودند.

در کوچینگ هم، سفر به ارتفاعِ آگاهی همین معنا را دارد. وقتی مراجع درگیر مسائل روزمره و احساسات آشفته است، دنیا برایش تکه‌تکه و بی‌معنا به نظر می‌رسد. اما کوچ، با سؤالات درست و حضور عمیق، کمک می‌کند که او بالاتر برود؛ از سطح رویدادها فاصله بگیرد و الگوها را ببیند.

آگاهی یعنی کشف ارتباط‌هایی که قبلاً دیده نمی‌شدند، یعنی فهمیدن اینکه تصمیم‌های امروز، ریشه در باورهای دیروز دارند، یعنی دیدن اینکه رفتارهای ظاهراً بی‌ربط، چگونه با هم خطی را ساخته‌اند که ما را به این نقطه رسانده است.

یک مثال واقعی از تجربهٔ کوچینگم

در یکی از جلسات، مراجعم بارها از خستگی شغلی شکایت کرد. در ظاهر،

مشکل حجم زیاد کار بود، اما با کمی کاوش عمیق‌تر و سؤال‌هایی که آگاهی او را بالاتر برد، آشکار شد که ریشهٔ خستگی او نه کار زیاد، بلکه ترس از نه گفتن و نیاز به تأیید دیگران بود. او خودش این ارتباط را کشف کرد. چهره‌اش روشن شد؛ درست مثل کسی که از ارتفاعی بالاتر، الگوهای پنهان زندگی‌اش را برای اولین بار می‌بیند.

در پرواز، وقتی از زمین فاصله می‌گیری، دیگر درخت‌ها را نمی‌بینی، بلکه الگوهای جنگل را می‌بینی.

در کوچینگ هم با بالا بردن سطح آگاهی، مراجع می‌تواند خودش الگوهای ذهنی‌اش را ببیند و معنای تازه‌ای از زندگی‌اش استخراج کند.

صندلی سوم یعنی دعوت به پروازی بلندتر، دعوت به دیدن آنچه در سطح زندگی پنهان مانده است، دعوت به کشف رازهایی که تنها در دل آسمان نمایان می‌شوند.

سکوتِ ذهن در تلاطمِ آسمان
حضور در لحظه در کوچینگ

در کابین خلبان[1] ابزارهای زیادی وجود دارد. چراغ‌ها، صفحه‌ها، صداهای هشدار، و حرکات جزئی نمایشگرها. اما من، به‌عنوان مهندس پرواز، یاد گرفته‌ام ذهنم را بی‌صدا کنم. بین هر نور و صدایی، فقط یک چیز باید روشن بماند: تمرکز.

در یکی از پروازها، صدای ممتد یک هشدار بی‌اهمیت مدام تکرار می‌شد. نه خطرناک بود، نه بحرانی، فقط حواس‌پرت‌کن بود. می‌دانستم اگر لحظه‌ای ذهنم به آن واکنش نشان دهد، از تحلیل

---

1 Cockpit

سیستم اصلی بازمی‌مانم. آنجا بود که فهمیدم کنترل ذهن، خود یک مهارت پروازی است.

در کوچینگ هم همین‌طور است؛ هم‌زمان با صحبت‌های مراجع، ذهن کوچ شروع به حرکت می‌کند: «الان چی بگم؟»، «چرا ناراحت شد؟»، «بعدش چه سؤالی بپرسم؟»، «وقت جلسه داره تموم می‌شه...»

تمام این صداها واقعی‌اند، اما کوچ باید نامرئی شود؛ نه برای مراجع، بلکه برای ذهن خودش.

یک مثال واقعی از تجربهٔ کوچینگم

در یکی از جلساتم، مراجع حرف می‌زد اما ذهن من درگیر صدای پنجره بود که کامل بسته نشده بود. می‌خواستم بلند شوم و ببندمش، اما ماندم. تمرکز را پس گرفتم. حضور را پس گرفتم. فقط نشستم. و همان لحظه، جمله‌ای از مراجع شنیدم که جهت جلسه را عوض کرد. او زیر لب گفت: «کاش می‌تونستم حرف دلمو بهش بگم...»

کوچینگ شغلی است برای حضور کامل؛ نه فقط حضور فیزیکی، بلکه حضور ذهنی، عاطفی و حسی، آن هم با تمام وجود. گاهی سخت‌ترین کار دنیا همین است: خاموش کردن ذهنی که می‌خواهد تو را از مسیر خارج کند.

هنرِ دیدبانیِ خاموشِ آسمانِ ذهن
عینیت‌بخشی به ذهنیت کوچینگی

هواپیما بر فراز ابرها در حال پرواز بود. خورشید کم‌کم به افق نزدیک می‌شد و نور طلایی‌اش را مثل لایه‌ای نازک روی پنل‌های کابین پهن کرده بود. صدای یکنواخت سیستم‌ها و آرامش فضای

کابین، آدم را وسوسه می‌کرد که در سکوت فقط فکر کند. اما در این لحظه از پرواز، یک اتفاق خاص افتاد.

صحبت‌هایی کوتاه بین خلبان و کمک‌خلبان رد و بدل شد. موضوع ساده‌ای دربارهٔ مسیریابی بود، اما نحوهٔ تحلیل و واکنش آن‌ها به موضوع، کاملاً متفاوت بود: یکی با قطعیت و دیگری با احتیاط. من ناخودآگاه خواستم وارد شوم و نظر بدهم که «کدام بهتر است»، اما مکث کردم. چون یادم آمد که در این موقعیت، در نقش تحلیل‌گر نیستم؛ من ناظر بی‌طرفم. اگر بخواهم دخالت کنم، تجربهٔ شخصی و زاویهٔ نگاه من، ممکن است توازن عملکردی بین دو نفر را بر هم بزند. همین‌جا بود که متوجه شدم دیدن واقعیت با تفسیر کردن آن فرق دارد.

در کوچینگ نیز دقیقاً همین‌طور است. کوچ باید حضور داشته باشد، اما نه به‌عنوان داور، نجات‌دهنده یا حتی معلم. او باید بتواند تمام تفاوت‌ها را بپذیرد: تفاوت فرهنگ، عقاید، تصمیمات، مدل ذهنی و حتی زبان بدن. کوچ نباید فکر کند که چون در زندگی خودش یک مسیر خاص را درست می‌دانسته است، پس حالا هم همان مسیر برای مراجع بهترین است. هر ذهن یک جهان است و هیچ ذهنی نباید با عینک ذهن دیگری خوانده شود.

یک مثال واقعی از تجربهٔ کوچینگم

در یکی از جلساتم، مراجع از سبک تربیتی خانواده‌اش در کودکی گفت. مسائلی که از نظر من، شاید سختگیرانه یا حتی غیرقابل‌قبول بود. اما دیدم که برای او، همان الگوها نوعی «امنیت» ساخته بود. اگر قضاوت می‌کردم، شاید او احساس شرم یا حالت تدافعی پیدا می‌کرد. فقط گوش دادم؛ بدون تحلیل و بدون سؤالی که رنگ انتقاد داشته

باشد. در همین فضا بود که او آرام گفت: «هیچ‌کس تا حالا حرفامو بدون اینکه بخواد اصلاحم کنه نشنیده بود.»

در پرواز، من وظیفه دارم بین دو ذهن متفاوت پل فهم بزنم نه دیوار داوری، و در کوچینگ، این وظیفه با تمام وضوحش تکرار می‌شود.

در پایان، یاد گرفتم که کوچ مثل یک شفاف‌کنندهٔ آینه در صندلی سوم است؛ نه چیزی را پررنگ می‌کند، نه کم‌رنگ. فقط اجازه می‌دهد ذهن مقابل، خودش را بدون فیلتر ببیند. این یعنی عینیت، احترام و پذیرش تفاوت‌ها.

مهندسیِ تحولِ درونی
تسهیل رشد مراجع در کوچینگ

هواپیما آرام‌آرام از ارتفاع کروز پایین می‌آمد. سرعت کاهش یافته بود و بدنهٔ هواپیما به‌نرمی از زیر ابرها می‌گذشت. خلبان و کمک‌خلبان در سکوتی هماهنگ، مشغول چک‌های پیش از فرود بودند. من از صندلی سوم، به این لحظه‌های ناب خیره شده بودم؛ لحظه‌هایی که در ظاهر ساده بودند، اما در دل خود، مهارت، تجربه و آگاهی عمیقی نهفته داشتند.

فرود موفق، اتفاقی نیست. فرود نتیجهٔ تمام دیدبانی‌ها، تصمیم‌های درست در لحظات حساس و تطبیق‌های کوچک و بزرگی است که در طول پرواز انجام شده است. فرود یعنی انتقال از سفری در دل ابرها به لمس دوبارهٔ زمین؛ اما با دانشی بیشتر، با بینشی تازه و با تجربه‌ای عمیق‌تر.

در کوچینگ هم لحظهٔ فرود یعنی کمک به مراجع برای تثبیت

آگاهی‌ها و طراحی حرکت‌های آینده. کوچ در این مرحله کمک می‌کند مراجع از جلسهٔ کوچینگ، فقط با یک «حس خوب» خارج نشود، بلکه با برنامه‌ای روشن برای تغییرات واقعی بیرون برود. اینجاست که کوچ نقشش را کامل می‌کند: نه به‌عنوان قهرمان داستان، بلکه به‌عنوان کسی که سکوی پرتاب را برای رشد مراجع آماده کرده است.

یک مثال واقعی از تجربهٔ کوچینگم

در یکی از جلسات، مراجع پس از یک سفر ذهنی عمیق، به این نتیجه رسید که نیاز دارد بیشتر به علایق شخصی‌اش بپردازد، اما اگر جلسه در همین نقطه پایان می‌یافت، این بینش به‌زودی در هیاهوی روزمره گم می‌شد. پس با سؤال‌هایم، کمک کردم این آگاهی به اقدام تبدیل شود: «اولین قدمی که همین امروز برمی‌داری چیه؟»، «چه چیزی کمکت می‌کنه که در مسیر بمونی؟»، «اگه چالشی پیش بیاد چه برنامه‌ای داری؟»

با این سؤال‌ها، آگاهی او ریشه گرفت، حرکت ساخت و زندگی شد.

در پرواز، فرود موفق نتیجهٔ مدیریت درست سفر است. در کوچینگ هم، تغییر واقعی نتیجهٔ هدایت درست فرایند رشد است.

صندلی سوم یعنی دیدن لحظهٔ فرود؛ نه به‌عنوان پایان سفر، بلکه به‌عنوان آغاز سفری تازه‌تر، یعنی باور به اینکه هر لمس زمین، فرصتی است برای اوج‌های بالاتر، یعنی مهندسی آرام و عمیقِ تحول درونی.

کار من تنها غبارروبی از یک شیشه است؛ شیشه‌ای میان فرد و خودش که می‌تواند از پشت آن نسخهٔ دوم خود را ملاقات کند؛ آن‌که

هســت (روی صنــدلی اول) و آن‌کـه می‌توانـد باشـد (روی صنـدلی دوم).

فـردی کـه روی صندلی سـوم نشسـته اسـت، تنهـا مشـاهده‌گر ایـن ملاقات اسـت و کارش شفاف‌سـازی آینـهٔ درون اسـت. و ایـن رسـالت اوسـت.

رسالت صندلی سوم...

صندلی سوم
جایی برای مشاهدهٔ یک ملاقات

دربارهٔ نویسنده

محمـد مهـری مهنـدس پـرواز و کـوچ شفافیت ذهنـی اسـت. او کار خـود را از دنیـای مهندسـی آسـمان آغـاز کـرد؛ دنیـایی کـه دقـت، مشـاهده و تحلیـل بی‌طرفانـه در آن حیـاتی بـود. پـس از سـال‌ها تجربـه در فضـای پـرواز، محمـد بـه یـک کشـف درونـی رسـید: بسیـاری از پروازهـای زنـدگی، پیـش از آنکـه در آسـمان شکسـت بخورنـد، در ذهـن انسـان‌ها سـقوط می‌کننـد. بـا همیـن بینـش، محمـد سـفر تـازه‌ای را آغـاز کـرد: سـفری بـه دنیـای رشـد فـردی و کوچینـگ.

محمد مهـری امـروز بـا همان دقت یـک مهنـدس پـرواز، بـه افراد کمـک می‌کنـد تـا نقشـه‌های ذهنی‌شـان را بازخوانی کننـد، موانـع پنهـان را بشناسـند و مسـیر شـفاف و مؤثـری بـرای موفقیـت طراحی کننـد.

همچنیـــن او نویســندۀ کتـاب **دیدگاه‌هـــایی دربـــارۀ کوچینـــگ**[1] اسـت که در آمـازون منتشـر شـده اسـت. داسـتان ایـن کتاب ترکیبـی از علـم، هنـر و فلسفۀ کوچینـگ اسـت و روایتگـر سـفری اسـت از زمیـن سـخت واقعیت‌هـــا تـا افق‌هـای پرامیـد امکان‌هـا.

محمـد بـاور دارد کـه کوچینـگ، هماننـد مهنـدسی پـرواز، هنـر هدایـت بی‌واسـطه نیسـت؛ بلکـه علـم رشـد و تسـهیل خودرهبـری در دیگران اسـت. او بـا روش «کوچینـگ شـفافیت ذهـنی» بـه افـراد کمـک می‌کنـد تـا در میـان آشـفتگی‌ها و انتخاب‌هـای بی‌شـمار، مسـیر روشـن خـود را بیابنـد و بـا قـدرت حرکـت کننـد.

امـروز، محمـد بـرای کسـانی کـه جرئـت دارنـد پـرواز تـازه‌ای را در زندگی‌شـان آغـاز کننـد، نـه فقـط یـک کـوچ، بلکـه یـک همـراه فکـری و مهنـدس تحـول درونـی اسـت.

راه‌های ارتباط با نویسنده:

Mohamadmehri.coach

Mohamadmehri.coach

Mohamadmehri.coach@gmail.com

+ ۹۸ ۹۳۵ ۸۹۸ ۹۸۹۱

---

1 *Coaching Insights*

NORTHSTAR SUCCESS

Published by North Star Success Inc.
www.northstarsuccess.com
support@northstarsuccess.com
+1 647 479 0790

باما کتاب خود را بنویسید، منتشر کنید و به جهان عرضه نمایید!

ما تیمی از متخصصان صنعت نشر با بیش از ۲۰ سال تجربه، در تمام مراحل کنار شما خواهیم بود تا کتابتان را در سطح بین‌المللی منتشر کنید. هدف ما این است که با ارائه خدمات حرفه‌ای، بکوشیم تا کتاب شما به بهترین نحو دیده شود، اعتبار کسب کند و سودآوری داشته باشد.

RESILIENCE IN AN EVER-CHANGING WORLD

COACHING INSIGHTS

NEW REALITY, NEW RULES
HOW TO THRIVE IN THE POST-COVID WORLD
BRIAN TRACY

CHALLENGE TO TRIUMPH

THE COURAGEOUS MOVE
A COLLECTION OF INSPIRATIONAL IMMIGRANT STORIES

ROAD TO HUMAN FLOURISHING

CANADIAN SUCCESS
A COLLECTION OF SUCCESS STORIES OF SUCCESSFUL PERSIAN IMMIGRANTS

I JUST DIDN'T WANT TO SAY GOODBYE
Hedieh Samimi

RISE AND SHINE

RISE ABOVE ADVERSITY
BRIAN TRACY AND LEADING ENTREPRENEURS AND PROFESSIONALS

HALEH SAMIMI

BOUNCE BACK TO SUCCESS
BRIAN TRACY

دیدگاه هایی دربارهٔ
کوچینگ

تاب آوری در دنیای
همیشه در تغییر

جاده
شکوفایی
انسان

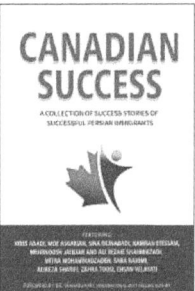